KB098861

청소년을 위한
미디어 리터러시
이야기

청소년을 위한
미디어 리터러시 이야기

발행일	2021년 10월 4일 초판 1쇄 발행
	2022년 10월 7일 초판 2쇄 발행
지은이	강정훈
발행인	방득일
편 집	박현주, 허현정, 한해원
디자인	강수경
마케팅	김지훈

발행처	맘에드림
주 소	서울시 도봉구 노해로 379 대성빌딩 902호
전 화	02-2269-0425
팩 스	02-2269-0426
e-mail	momdreampub@naver.com

ISBN 979-11-89404-52-9 44300
ISBN 979-11-89404-03-1 44080 (세트)

뉴미디어 시대, 가짜 뉴스와 허위 정보를 판별하는 법

청소년을 위한 미디어 리터러시 이야기

강정훈 지음

맘에드림

정보의 홍수에서 진실 찾기

2000년 전후로 컴퓨터가 대중화되기 시작할 때, 제가 속한 모임의
한 선배 교사는 '정보의 홍수에서 진실 찾기'라는 말을 자주 사용하
며, 앞으로 살아갈 세대는 정보를 비판적으로 받아들이는 미디어 교
육이 반드시 필요할 것이라고 말했습니다. 당시 인터넷은 정보의 수
를 엄청나게 증가하게 만들었습니다. 그러나 스마트 미디어가 유행
인 지금은 그때와 비교할 수 없을 정도로 더 많은 정보가 매일 생산
되고 있습니다. 그야말로 홍수 수준이 아니라 슈퍼 태풍 수준이죠.

　요즘 청소년들은 태어날 때부터 컴퓨터와 스마트폰 등의 디지털
기기에 둘러싸여 자라는 디지털 네이티브(Digital Native)입니다. 그
중에서도 스마트폰은 신체 일부처럼 어디를 가든 손에 꼭 쥐고 있
지요. 그래서 엄청나게 많은 정보를 아주 쉽고 빠르게 접할 수 있습
니다. 예를 들어 메일을 열어보려고 포털 사이트에 접속하는 순간,
원하든 원하지 않든 여러 가지 뉴스를 한꺼번에 접하게 되고, 페이
스북이나 인스타그램을 하려고 하는 순간 수많은 뉴스가 내 앞에
바로 전달되지요. 그런데 알고 있나요? 그렇게 전달되는 정보 중에
몇몇 뉴스는 진짜인 척하는 가짜라는 사실을요.

몇몇 친구들은 가짜 뉴스가 우리에게 해를 끼치는 것도 아닌데 왜 미디어 리터러시 교육을 해야 하는지 이해하지 못할 수 있습니다. 하지만 가짜 뉴스는 해를 끼칩니다. 아무 죄 없는 사람을 나쁜 사람으로 만들어버릴 수 있고, 잘못된 정보가 진실인 척 전달해 사회를 혼란에 빠트릴 수 있습니다. 게다가 가짜 뉴스는 진짜 뉴스보다 6배는 빠른 속도로 퍼집니다.

가짜 뉴스가 주는 피해는 고스란히 우리 몫으로 돌아옵니다. 이런 가짜 뉴스가 점점 많아질수록 우리는 언론사가 내보내는 기사를 믿지 못하게 되고, 그 뉴스가 진짜인지 거짓인지 사실을 확인하는 데 시간을 보내게 됩니다. 그렇기 때문에 가짜 뉴스에 속지 않으려면 미디어에 대해 제대로 알 필요가 있습니다.

여러분, 정보의 가치는 천금과 같습니다. 수많은 정보 속에서 올바른 정보를 분별할 수 있는 능력이야말로 앞으로 중요한 능력이 될 것입니다. 이 책을 통해 좋은 미디어와 나쁜 미디어를 분별할 수 있는 능력을 키우고, 가짜 뉴스에 속지 않고 자신만의 생각을 기를 수 있는 여러분이 되길 바랍니다.

정보의 홍수에서 진실 찾기의 길잡이가 되는 책을 펴내 기쁩니다. 글을 쓰며 한 뼘 더 성장한 내 자신을 만날 수 있었습니다. 그것은 더 큰 기쁨이었습니다. 사실 저는 자판을 두드릴 뿐이었습니다. 책을 위해 도와주신 분들이 정말 많습니다. 제가 존경하는 한국교원대학교 김성천 교수님, 깨미동 대표 옥성일 선생님, 놀이미디어교육센터 권장희 소장님, 그리고 깨미동 가족들은 제 머리와 가슴을 채워주신 고마우신 분들입니다. 그분들 덕분에 오늘 이 책이 태어날 수 있었습니다.

오늘의 저를 있게 한 사랑하는 부모님께도 감사를 전합니다. 강창희, 이옥희, 김영봉, 김정순. 부모라는 이름으로 살고 있는 네 분은 살아계신 것만으로도 항상 힘이 되는 분들입니다. 더불어 함께 해준 가족에겐 책을 쓰는 동안 기다려주고 참아줘서 고맙다는 말을 전합니다.

박사 논문을 계속 미루고 있음에도 항상 기다려주시고 아껴주시는 단국대학교 이수정 교수님, 항상 멀리서 응원해주시는 서강대학교 나은영 교수님, 그리고 전북대학교 조규성 교수님께도 감사를 전합니다. 부족한 저와 늘 동행하고자 챙겨주는 박사 과정 선후배들에게도 고마운 마음을 전합니다.

지난번 책에 감사한 마음을 전하지 못했던 형과 누나 그리고 친구가 생각납니다. 조명철, 김현용, 원완식, 신언렬, 박중현, 박정용, 류병곤, 태혜승은 제가 힘들고 어려울 때마다 위로해주고 도와준 참 따뜻한 사람들입니다.

전문직에서 만났던 이향순, 이정현 장학님과 류해석, 박경례, '쑥떡쑥덕' 친구들, 6남매 모임, 그리고 박정우 장학사님을 비롯해서 25기 전문직 동기들 역시 제가 항상 배울 수 있도록 격려해준 고마운 분들입니다. 이용우, 이기성, 최현남, 채관석, 채병훈 등 어릴 적부터 지금까지 이어져 온 인연들에게도 감사를 전합니다. 경기도교육청 김주영 대변인을 비롯해 대변인실에서 함께한 인연들과 경기도교육청 기자님들. 부족한 저를 변함없이 지지해주셔서 감사합니다.

이 밖에도 여기 이름이 언급되지 못한 수많은 분들의 배려와 관심 덕분에 제가 있다고 생각합니다. 앞으로 저로 인해서 조금이라도 세상이 더 따뜻해지도록 노력하는 삶을 살겠습니다.

강정훈

차례

PART 1 미디어에 둘러싸인 세상

PART 2 미디어의 힘

PART 3 가짜 뉴스와의 전쟁

PART 4 언론이 갖는 권한과 책임

PART 5 미디어의 미래

PART

1

미디어에
둘러싸인 세상

우리가 매일 만나는
미디어 세상

미디어란 무엇일까요?

우리는 세상에서 발생하는 모든 일을 직접 다 볼 수는 없습니다. 그러나 미디어를 통하면 세상에서 일어나는 모든 일과 정보를 쉽게 알수 있습니다. 사전을 찾아보면 미디어란 '어떤 작용을 한쪽에서 다른쪽으로 전달하는 역할을 하는 물체 또는 수단'이라고 나와 있습니다.

구체적으로 미디어란 언어, 몸짓, 광고, 영화, 음악, SNS 같은 무형의 것과 신문, 라디오, 텔레비전, 컴퓨터, 스마트 미디어 같은 눈에 보이는 도구 미디어를 모두 포함합니다. 이렇게 우리가 매일 접하는 미디어는 시대에 따라 계속 변화하고 있으며, 현재 우리의 삶과 떼려야 뗄 수 없습니다.

미디어: 의사나 감정 또는 정보를 전달하는 수단

• 유형 미디어: 신문, 라디오, 텔레비전, 컴퓨터, 스마트 미디어 등
• 무형 미디어: 언어, 몸짓, 광고, 영화, 음악, SNS 등

최초의 미디어는 소리와 몸짓이었습니다. 문자는커녕 말도 존재하지 않았던 시기니까요. 생각을 전하려는 몸짓과 괴성이 점점 약속된 언어로 자리 잡았을 것입니다. 그리고 괴성이 언어로 바뀌기까지 아주 오랜 시간이 걸렸을 것입니다. 초기에는 부족 내에서 약속된 단어 위주의 언어를 사용했을 것입니다. 그래서 언어가 빨리 발달한 부족은 다른 부족과의 경쟁에서 매우 유리한 위치를 차지했을 가능성이 높습니다. 그 당시 언어가 존재한다는 것은 다른 부족의 침입이나 맹수의 위협을 빨리 전달할 수 있으며, 또 지혜를 모아 함께 외부의 침입을 대비할 수 있었을 것입니다. 이후 국가의 출현은 부족 간 통일된 하나의 언어를 만드는 데 큰 공헌을 했습니다. 그리고 역사의 기록을 위해서 문자를 발달시켰습니다. 이렇게 언어는 크게 '말'이라고 부르는 음성언어와 '글'이라고 부르는 문자언어로 나눌 수 있습니다. 하지만 문자는 지배층이나 상류층이 아니면 쉽게 배울 수 없었기 때문에 말이 세상을 이해하는 중요한 수단이었습니다.

그런데 인쇄술이 발달하면서 책은 대중적이면서 대표적인 미디어 중 하나로 발전합니다. 책은 수천 년을 넘어 지금까지도 아주 중요한 의사소통 수단입니다. 20세기에 들어서면서 신문, 잡지, 라디

오, 텔레비전은 4대 매체로서 세상을 읽는 대중적인 미디어로 자리 잡았습니다. 그러다가 1990년대 인터넷 이용이 대중화되고, 휴대전화와 무선 기술이 발전하고, 네트워크와 사회적 관계망 기술이 확대되면서 우리의 생활은 크게 달라졌고, 미디어도 크게 변화하였습니다. 특히 새로운 디지털 미디어가 탄생하며 전 세계 사람들이 미디어를 소비하는 시간이 증가했고, 전통 미디어가 디지털화되면서 신문, 라디오, 텔레비전, 영화의 콘텐츠들이 온라인 플랫폼상에서 생산, 유통, 소비되고 있습니다.[1]

잠깐만! 쉬어가는 뉴스

최초의 뉴스 🔍

기원전 490년, 마라톤 들판에서 아테네 군대와 페르시아 군대가 전쟁을 했습니다. 이 전쟁에서 아테네 군대가 승리를 했습니다. 한 병사는 이 소식을 전하기 위해 42킬로미터를 쉼 없이 달렸고, 아테네 시민들에게 승리의 소식을 전한 후 죽었습니다. 이 이야기에서 '마라톤'과 '뉴스'가 시작되었다고 얘기합니다. '마라톤'은 알겠는데 '뉴스'는 이해가 가지 않는다고요? 그럴 수 있습니다. 하지만 한번 생각해볼까요? 뉴스란 다른 사람이 잘 모르는 새로운 소식을 뜻합니다. 이처럼 문자와 종이가 등장하기 전에는 사람의 입소문을 통해 새로운 소식이 전해졌습니다.

....
1. 설진아 · 강진숙, 《미디어교육》, 한국방송통신대학교출판문화원, 2021, 39쪽

연령대별 필수라고 인식하는 매체

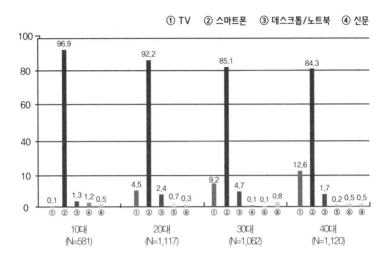

① TV ② 스마트폰 ③ 데스크톱/노트북 ④ 신문

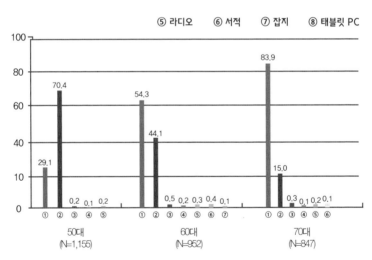

⑤ 라디오 ⑥ 서적 ⑦ 잡지 ⑧ 태블릿 PC

방송통신위원회, 《2021년 방송매체 이용행태 조사》(20쪽) 재구성(단위: %)

2021년을 기준으로 전 세계 사람들의 미디어 시간을 살펴보면, 사람들은 하루 평균 7시간 반 정도 미디어를 접하고 있습니다. 하루의 4분의 1을 미디어에 빠져 있는 것이죠. 정말 놀랍지 않나요?

17쪽의 표를 보면 알 수 있듯이, 10대(96.9퍼센트)에서 50대(70.4퍼센트)까지 스마트폰으로 미디어를 접하는 비율이 매우 높습니다. 게다가 전 세대 모두 일주일에 적어도 1~4일 정도 유튜브와 같은 동영상 플랫폼을 이용하고 있으며, 텔레비전 대신 OTT(Over The Top)[2]로 자신이 좋아하는 방송을 선택해서 봅니다. 이처럼 스마트 미디어와 디지털 기기 사용은 우리에게 전통 미디어 대신 새로운 미디어 플랫폼을 선택할 수 있게 만들었고, 더 나아가 스스로 미디어를 생산할 수 있는 환경으로 만들었습니다.

전 세계적으로 소셜 미디어 이용자 수가 많아지는 만큼, 앞으로 스마트폰을 비롯한 디지털 기기를 이용해 미디어를 접하는 시간이 더 늘어날 것으로 생각됩니다.

미디어 리터러시란 무엇일까요?

요즘 청소년들은 본인이 가진 스마트 기기로 영상, 글, 이미지, 하이퍼 링크 등을 활용해 자신을 표현하고, 다양한 플랫폼에서 자신과

....
2. 인터넷을 통해 방송, 영화, 음악 등의 미디어 콘텐츠를 판매하는 서비스. 넷플릭스, 웨이브, 디즈니 플러스 등이 해당한다.

같은 흥미를 가진 사람과 커뮤니티를 형성하며 정보를 공유하는 등 기성세대와 다르게 미디어를 활용하며 살아가고 있습니다.[3]

하지만 그 안에서 차별, 집단 따돌림, 인신공격 같은 폭력을 겪기도 합니다. 그렇기 때문에 청소년들이 디지털 미디어 안에서 건강하고 즐겁게, 다른 사람과 소통하며 생활할 수 있는 능력을 키우기 위해서는 미디어 리터러시 교육이 중요합니다.

그렇다면 미디어 리터러시란 무엇일까요? 미디어 리터러시를 이해하기 위해서는 먼저 리터러시에 대한 개념을 이해하는 것이 필요합니다. 리터러시란 '읽기, 쓰기, 듣기, 말하기'와 같은 텍스트 중심의 '문해력' 교육을 지칭하며, 문자화된 기록물을 통해 지식과 정보를 획득하고 이해할 수 있는 능력을 말합니다.

영상언어가 등장한 이후에 이 용어는 단지 문자언어만을 의미하는 개념이 아니라 '시대적 혹은 문화적으로 통용되는 언어에 의해서 규정되는 것'으로 폭넓게 해석되고 있습니다.[4]

미디어 리터러시의 필요성

최근에 '미디어 리터러시'라는 말이 부쩍 많아졌습니다. 리터러시는 원래 문자를 읽고 해석하는 능력을 가리켰습니다. 그런데 어떤

....
3. 교육부, 김아미, 〈행복한교육 - 미디어 리터러시 교육과 디지털 시민성〉, 2019, 9월호
4. 설진아 · 강진숙, 《미디어교육》, 한국방송통신대학교출판문화원, 2021, 47쪽

사람은 "읽고 해석하는 거 어렵지 않잖아!"라고 생각할 수 있겠죠. 물론 우리나라 사람이라면 우리 글로 된 것을 그리 어렵지 않게 읽고 해석할 수는 있습니다. 그러나 읽고 해석하는 것이 간단하지 않은 이유는 다음과 같습니다.

첫째, 말이나 글이라는 것은 다양한 해석을 낳을 수 있기 때문입니다. 예를 들어 "뭐?"라는 한 글자는 '뭔데?'를 의미하는 질문이 될 수도 있지만, 황당하거나 화가 날 때 터뜨리는 감탄사도 될 수도 있습니다. 또 못 알아들어서 다시 말해달라는 질문도 될 수 있습니다. 이처럼 말이나 문자는 상황에 따라 전혀 다르게 해석될 수 있다는 것이죠.

둘째, 글이나 말에는 그 속에 상징이 녹아 있기 때문입니다. 우리 말은 비유법이라고 해서 직접 표현하는 것이 아니라 다른 것을 빗대어 표현하는 경우가 많습니다. 특히 시에서 이런 상징과 비유는 시를 돋보이게 하는 요소라 할 수 있겠죠. 따라서 언어는 그 문장 이면에 있는 맥락을 파악해서 해석해야 합니다.

셋째, 언어는 시대에 따라 변하기 때문입니다. 시대를 거치면서 새로운 단어가 만들어지고, 쓰지 않는 단어들은 사라집니다. 특히 최근에는 컴퓨터와 스마트 미디어가 등장하면서 이들의 특성을 반영한 새로운 언어들이 등장하고 있습니다. 예를 들어 비번(비밀번호), 근자감(근거 없는 자신감), 엄크('엄마 크리티컬'의 줄임말로, 컴퓨터를 하다가 엄마가 와서 컴퓨터를 급하게 끌 때 사용하는 말), 이생망(이번 생은 망했다) 등 의도적으로 줄이거나 앞 글자끼리만 붙여서 만든 단어들이 많이 사용되고 있죠.

넷째, 언어는 화자의 의도를 알아채야 제대로 이해할 수 있기 때문입니다. 미디어는 상품이기도 합니다. 그래서 상업적 이익을 거두려는 목적으로 쓰이기도 합니다. 따라서 미디어의 상업적 속성을 이해하지 않고는 미디어의 언어를 제대로 해석할 수 없습니다. 즉 보이는 것만 그대로 보면 안 된다는 것이죠. 예를 들어 광고에서는 장점만 이야기하고 단점은 이야기하지 않습니다. 그래서 장점만 생각하고 물건을 구매했다가 단점 때문에 후회하는 사례가 있습니다. 또 과장하거나 화려하게 포장하지만 실제 내용은 그렇지 못한 사례도 있습니다. 그래서 상업적 속성을 제대로 이해할 때 우리는 지혜로운 소비자가 될 수 있습니다.

현대 사회에서 미디어의 발달은 매우 빠르게 이루어지고 있으며, 실제로 우리는 매일 다양한 미디어를 접하고 있습니다. 그런데 미디어에 대한 이해 없이 미디어를 수용한다면, 미디어는 단순한 시청각적 자극만 일으키는 무의미한 매체로 전락할 수 있습니다. 또한 미디어를 수용하는 과정에서 확인되지 않은 사실에 무분별하게 노출되면, 판단력이 흐려지고 편견에 빠지기 쉽습니다. 이것은 사회 혼란으로 이어집니다.

대표적인 것이 가짜 뉴스입니다. 가짜 뉴스는 허위나 거짓 정보들이 뉴스 형식으로 만들어진 것으로, 사실과 동떨어진 루머나 과장 보도, 오보 등이 포함됩니다. 미디어에 대한 제대로 된 이해 없이 이러한 허위 사실을 접하게 된다면 잘못된 정보를 습득하게 되는 것은 물론 본인도 모르게 가짜 뉴스를 생산하는 주체가 될 수도 있습니다. 따라서 미디어를 통해 올바른 정보를 습득하고 생산하기 위해서는 미디어 리터러시 교육이 필요합니다.

미디어
Talk Talk

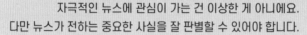

Q 자극적인 뉴스에 관심이 가는 이유는 뭔가요?

자극적인 뉴스에 관심이 가는 건 이상한 게 아니에요.
다만 뉴스가 전하는 중요한 사실을 잘 판별할 수 있어야 합니다. **A**

원래 사람들은 평범한 것보다 특이한 것, 평소 생활에서 많이 볼 수 있는
것보다 보기 힘든 것에 관심을 가집니다. 그래서 폭력적인 장면이나 선정
적인 장면처럼 평소 일상생활에서 쉽게 볼 수 없는 것에 더 눈길이 가게
됩니다. 문제는 뉴스가 시청률을 위해서 자극적인 보도 사례를 활용하고
있다는 것입니다. 평범한 사건을 매우 특별한 사건처럼 보도한다거나 제
목을 자극적으로 붙이는 것이죠. 또 선정적이거나 폭력적인 사건 위주로
보도하는 사례도 있습니다. 예를 들어 우리가 보는 뉴스에 살인 사건이나
폭력 사건, 또는 화재나 차량 사고 등이 자주 보도되는 것이 이러한 사례
겠죠. 반대로 사람들의 마음을 훈훈하고 따뜻하게 하는 소식은 비교적 적
게 보도되는 편입니다. 그건 우리가 자극적인 뉴스에 더 많은 관심을 보이
기 때문입니다.

　자극적인 뉴스의 또 다른 문제점은 사회를 부정적으로 바라보는 시각

을 부추긴다는 점입니다. 자극적인 뉴스의 대부분은 사회에 대한 부정적인 내용을 담고 있습니다. 따라서 이런 뉴스를 많이 보는 사람일수록 우리가 사는 세상에 대해서 부정적으로 바라볼 가능성이 높아지겠죠.

자극적인 뉴스를 줄이기 위한 가장 좋은 방법은 자극적인 뉴스 선택을 줄이는 것입니다. 물론 쉽지는 않겠죠. 그러나 우리가 조금만 노력하면 방법이 없는 것은 아닙니다. 예를 들어 인터넷 기사 같은 경우에는 선정적이거나 폭력적인 헤드라인의 기사를 클릭하지 않는 방법이 있고, 방송 뉴스는 자극적인 뉴스가 나올 때 채널을 돌리거나 끄는 방법입니다. 이런 행동은 언론사에서 중요하게 여기는 조회 수나 시청률이 적게 나오게 해서 결국 자극적인 기사를 줄이는 방법이 될 수 있습니다.

생각하기 & 토론하기

- 옛날에는 신문, 라디오, 텔레비전, 인터넷 등과 같은 미디어가 없었어요. 이 시대에는 소식과 정보를 어떻게 전달했을까요?
- 내가 가장 많이 사용하는 미디어는 무엇인지 알아보고, 우리 가족의 미디어 이용 시간과 비교해보세요.

02 미디어는 어떻게 변화되어 왔는가?

우리나라 방송의 이해

우리는 세상에서 벌어지는 일을 알기 위해서 매우 다양한 미디어를 활용할 수 있습니다. 최근에는 IT 기술이 발달하면서 다양한 미디어가 컴퓨터와 디지털 기기로 통합되고 있습니다. 예를 들어 우리는 스마트폰으로 신문의 뉴스도 볼 수 있고, 텔레비전 방송도 볼 수 있습니다. 심지어 음악, 영화, 만화책, 소설도 볼 수 있습니다. 그로 인해 텔레비전이나 신문 등의 전통적인 미디어는 아직까지 무시할 수 없는 영향력을 발휘하고 있습니다. 먼저 전통적인 미디어인 방송과 신문에 대해 알아볼까요?

방송은 크게 국영방송, 공영방송, 민영방송으로 나눌 수 있습니다. 국영방송은 국가의 예산으로 국가가 직접 운영하는 방송입니다. 현재 우리나라 지상파에는 국영방송이 없고, 케이블방송에만 몇 개 있습니다. 국회방송, KTV 국민방송, 국방방송 등이 바로 국영방송입니다. 공영방송은 국가나 특정 집단(기업, 종교 등 이익단체)의 간섭을 받지 않도록 공공 기업이 운영하는 방송을 말합니다. 시청료, 정부 지원금, 광고 등으로 운영하죠. 우리나라 지상파 중에서 KBS, EBS, MBC는 공영방송입니다.

민영방송은 민간단체나 사업자가 운영하는 방송을 말합니다. 주 수입원인 광고로 운영합니다. 우리나라에서는 지상파의 SBS, OBS를 비롯하여 종합편성채널의 4개 방송사가 모두 민영방송입니다. 그리고 케이블방송과 위성방송의 상당수 채널도 대부분 민영방송입니다.

우리나라 방송의 뉴스는 지상파와 종합편성채널에서 주로 하고 있습니다. 케이블방송에도 뉴스 전문 채널이 있습니다. 이 중에서 일반적으로 많이 시청하는 지상파와 종합편성채널을 중심으로 살펴볼까요?

지상파

	KBS	EBS	MBC	SBS
소유	한국방송공사	한국교육방송공사	방송문화진흥회, 정수장학회	태영
주 수입원	KBS1은 수신료 KBS2는 광고	수신료, 광고, 출판	광고	광고
특징	공영방송 국가기간방송	공영방송 교육방송	공영방송 문화방송	민영 방송

종합편성채널

	MBN	JTBC	채널A	TV조선
사업자	매일경제신문	중앙일보	동아일보	조선일보
특징	종편 전에 보도전문채널	1980년 이전 TBC (동양방송)를 소유	1980년 이전 DBS(동아방송)를 소유	방송은 처음

　현재 KBS1은 광고 없이 수신료로 운영하고 있습니다. 수신료로 운영하는 이유는 방송이 기업의 영향을 적게 받기 위해서죠. 광고가 주 수입원이면 방송은 광고를 주는 기업의 영향을 받을 수 있습니다. 그런데 KBS는 KBS1과 KBS2의 두 방송사를 함께 운영하고 있습니다. 이 때문에 많은 예산이 들어서 수신료만으로는 운영하기 어려운 환경입니다. 그래서 현재 KBS2는 광고를 운영하고 있습니다.

　EBS는 현재 국민이 내는 수신료 중 2.8퍼센트(2,500원 중 70원)를 받습니다. 이 정도의 돈으로는 방송사를 운영하는 데 턱없이 부족하겠죠. 그래서 EBS는 수능교재를 중심으로 한 출판 수익과 콘텐츠 판매 수익, 그리고 광고를 재원으로 사용합니다.

　MBC는 공영방송이면서 재원을 모두 광고에 의존하고 있는 독특한 형태입니다. 다만 MBC의 지분을 국영 공익재단인 방송문화진흥회가 70퍼센트를 가지기 때문에 공영방송의 형태를 가집니다. 또 MBC는 지역 MBC와 동등한 계열사 형태로 존재합니다.

　KBS의 경우 서울에 본사가 있고, 지방은 지역별로 지국 형태로 존재해서 모두가 같은 회사라고 할 수 있습니다. 그래서 KBS는 서울 KBS가 모든 방송을 총괄하는 힘을 가지고 있으며, 직원들도 서울과 지방을 오가며 근무합니다. 그러나 MBC의 경우에는 서울이나 지방이나 똑같은 계열사 조직이기 때문에 직원 채용도 따로 하고, 지역 간 인사이동도 불가능합니다. 즉 MBC라는 이름 아래 따로 운영되는 구조입니다.

SBS와 종합편성채널 4개 방송사는 모두 민간 기업이 만든 방송사입니다. 따라서 100퍼센트 광고 수입으로 운영됩니다. 이 때문에 공영방송에 비해 상업적인 목적을 우선시합니다. 그 점에서 공영방송과 차별성을 갖고 있습니다.

우리나라 신문사에 대한 이해

신문사는 오랜 역사가 있습니다. 새로운 신문사가 생겨도 튼튼한 재정이 없는 한 주류 신문사에 끼어들기 어려운 구조였죠. 그런데 신문사는 소유주의 영향을 받고 있습니다. 일부 신문사는 소유주와 경영진이 분리되어 있지만, 그래도 소유주의 영향을 무시할 수 없습니다. 따라서 신문사 소유주에 관련된 정보를 알면 뉴스를 보는 데 도움이 됩니다.

다음은 우리나라 10대 중앙 종합 일간지 중 신문사 소유주에 따라 크게 네 종류로 분류했습니다.

10대 신문사

분류	언론 재벌	기업 관련	직원 사주	종교 관련
신문사	동아일보, 조선일보	중앙일보, 문화일보, 한국일보	경향신문, 한겨레신문, 서울신문	국민일보, 세계일보
비고	일제 강점기부터 언론사로 성장	중앙일보 (사주가 삼성 대표와 친인척), 문화일보 (현대중공업), 한국일보 (동화기업)	회사 직원이나 국민이 최대 주식을 가짐	국민일보는 순복음교회, 세계일보는 통일교에서 창간

위 표의 언론사 중에서 가장 늦게 나온 신문사가 1990년에 창간된 문화일보입니다. 2000년대 이후 생긴 신문사 중 비교적 크게 성장한 신문사는 인터넷 신문 오마이뉴스를 손꼽을 수 있습니다. 위 표에서 보는 것처럼 우리나라 신문은 개인이 언론사의 사주인 신문도 있고, 직원들과 국민이 주주인 신문도 있습니다.

직원이나 국민이 주주인 신문은 뉴스를 보도할 때 다른 눈치 안 보고 비교적 자유롭게 보도할 수 있습니다. 그러나 특정인이 사주인 신문들은 사주와 관련된 사건에 대해서는 비판적으로 쓰기 어려울 것입니다. 기자가 비판적으로 쓰더라도 편집 과정에서 삭제되거나 수정될 가능성이 있지요. 중앙일보가 유독 삼성 기업과 관련된 뉴스를 너그럽게 보도하거나, 국민일보가 교회 관련 기사를 호의적으로 보도하는 것은 바로 이 때문입니다.

가까운 한 예로, 2021년 1월 18일 이재용 삼성전자 부회장이 뇌물 공여와 횡령으로 2년 6개월의 실형이 내려진 사건을 들 수 있습니다. 다음 날 중앙일보 기사에, 이재용 삼성전자 부회장을 옹호하는 기사[5]가 올라왔습니다. 이 기사를 보면 국민이 이재용의 석방을 요구하는 것처럼 보일 수 있습니다.

신문과 방송 저널리즘의 위기

저널리즘이란 '일반 시민들이 흥미를 느끼거나 중요하게 생각하는 사건들에 대한 정보를 생산하고 분배하는 업무 또는 실천'을 말합니다.[6] 쉽게 말해 뉴스를 취재하여 사람들에게 보도하는 것을 뜻합니다. 예전에는 신문사, 방송사, 통신사가 이 기능을 했고 이들이 전하는 정보를 신뢰했습니다. 그래서 신문사와 방송사의 힘이 어마어마했습니다.

하지만 신문을 읽는 독자 수가 점점 줄고 있고, 방송의 시청률도 점점 떨어지고 있습니다. 요즘은 예전처럼 신문과 방송을 통하지 않고도 다양한 미디어를 통해 뉴스를 접할 수 있기 때문입니다. 이는 신문사와 방송사의 예산을 좌우하는 광고비를 보면 알 수 있습니다.

....
5. 박형수, 〈이재용 재수감 하루 만에…'사면' '가석방' 목소리〉, 《중앙일보》, 2021. 1. 19.
6. 이은택 · 이창호, 《저널리즘의 이해》, 한국방송통신대학교출판문화원, 2013, 2쪽

2019~2021년 매체별 총 광고비

구분	매체	2019년	2020년	2021년
방송	지상파 TV	12,321	11,369	11,555
	케이블·종편	20,017	18,606	19,223
	IPTV	1,232	1,121	1,138
	위성·DMB 등	1,908	1,463	1,441
	라디오	2,374	2,092	2,120
	계	37,852	34,651	35,477
인쇄	신문	14,229	13,894	13,620
	잡지	2,832	2,356	2,238
	계	17,061	16,250	15,858
디지털	PC	17,708	18,548	19,410
	모바일	32,824	38,558	42,570
	계	50,532	57,106	61,980
기타	옥외	3,583	3,378	3,200
	극장	2,143	601	900
	교통	4,654	3,581	3,500
	계	120,926	119,951	125,500

자료제공: 제일기획(단위: 억 원)

위 표[7]를 보면 총 광고비가 2020년 코로나19로 잠시 줄어들었다가 2021년에는 증가하고 있습니다. 반면 방송에 책정되는 광고 예산이 점점 떨어지고 있습니다. 특히 신문과 지상파 TV의 매출은 점점 줄어드는 반면 디지털 광고 비용은 엄청난 성장을 이루고 있습니다. 2019년 이전에는 방송 관련 광고가 선두를 유지했지만 2021년에는 디지털 광고가 큰 격차를 보이며 1위로 등극했습니다. 방송과 디지털 광고비의 격차는 시간이 갈수록 더 커질 듯합니다.

....

7. 정수미, 〈제일기획 "올해 디지털 광고비 6조, 시장 점유율 50% 육박 전망"〉, 《팍스경제TV》, 2021. 2. 9.

텔레비전의 경우는 채널이 많아지면서 하나의 채널이 갖던 수익은 점점 줄어들고 있습니다. 최근 인터넷 TV로 대표되는 IPTV의 발전으로 이제 방송 시간에 맞추어 방송을 보는 것이 아니라, 내가 좋아하는 방송을 내가 원하는 시간에 구입해서 볼 수 있습니다. 이로 인해 이제는 방송 콘텐츠를 파는 OTT(Over The Top) 회사도 함께 방송 광고 경쟁에 참여한 셈이 되었죠. 앞으로 방송사의 수익 구조는 점점 더 어려워질 것으로 전망됩니다.

방송사와 신문사의 위기 극복 방법

방송사와 신문사는 이 위기를 극복하기 위해 다양한 방안을 찾고 있습니다. 그중 광고비가 가장 많이 증가하고 있는 모바일 분야로 확장할 것입니다. 현재도 모바일 환경에서 뉴스를 볼 수 있는 시스템은 있지만 좀 더 모바일 특성에 맞는 콘텐츠로 변화할 가능성이 큽니다. 방법은 다양합니다. 증강현실 방송으로 갈 수도 있고, 개인 맞춤형 콘텐츠로 변화할 수도 있습니다. 또 유료 회원에게만 배달되는 차별화된 고급 정보 제공 방식으로 진행할 수도 있습니다. 아니면 우리가 전혀 생각하지 못한 다른 방법이 개발될 수 있습니다. 그 새롭고 참신한 방법이 무엇이 될지 기대하면서 언론사의 앞날을 응원해 봅니다.

Q 요즘 재미있는 콘텐츠가 얼마나 많은데요.
텔레비전은 너무 시시해요.

예전에 비해 텔레비전 시청률은 낮아졌지만
여전히 많은 사람이 즐겨보는 미디어예요. **A**

텔레비전 시청률은 예전만 못합니다. 유튜브나 SNS 등 재미있는 영상 콘텐츠의 등장으로 텔레비전 말고도 볼거리가 많아졌기 때문입니다. 하지만 텔레비전 프로그램이 시시하다고 느끼는 이유는 다음과 같은 몇 가지 이유가 있습니다.

첫째로 텔레비전과 달리 동영상 플랫폼에서 볼 수 있는 영상 콘텐츠의 폭이 엄청 다양하다는 점입니다. 텔레비전에서 볼 수 있는 프로그램은 한정되어 있습니다. 그에 반해 인터넷을 기반으로 하는 콘텐츠는 거의 무한대에 가깝습니다. 따라서 내가 좋아하는 콘텐츠를 선택해서 볼 수 있습니다.

둘째로 텔레비전이 갖는 시간적인 한계입니다. 텔레비전은 정해진 시간에 정해진 프로그램을 방송합니다. 따라서 텔레비전에서는 한 개인이 좋아하는 프로그램을 24시간 방송할 수 없습니다. 이 때문에 텔레비전을 켰을 때 내가 좋아하는 프로그램이 방송될 확률은 비교적 적은 편입니다.

하지만 인터넷에서 찾아볼 수 있는 영상 콘텐츠는 내가 원하는 시간에 언제든지 마음대로 볼 수 있습니다.

셋째로 텔레비전은 인터넷 콘텐츠보다 훨씬 많은 제약을 가지고 있습니다. 텔레비전은 방송의 특성상 정치적 중립을 지켜야 하고, 사투리·약어·비속어를 사용해서도 안 되는 등 많은 규정을 준수해야 합니다. 뿐만 아니라 방송사는 매우 거대한 조직이며, 조직은 수직적인 구조로 되어 있습니다. 이 때문에 방송 프로그램은 거대한 조직의 방향에 어긋나는 방송을 할 수 없습니다.

넷째로 텔레비전은 대다수의 폭넓은 시청자를 대상으로 합니다. 거대 조직인 방송은 소수의 사람을 위한 방송을 하기 어렵습니다. 그러다 보니 나에게 맞는 맞춤형 방송이 아니라 좀 밋밋해 보이는 것이죠.

텔레비전의 이런 점들 때문에 유튜브 영상이나 인터넷 콘텐츠에 비해서 더 재미없게 느껴질 수 있습니다. 그러나 텔레비전은 아직도 많은 사람이 이용하고 있는 미디어입니다. 예전에 비해 경쟁력이 줄어들긴 했지만, 아직도 많은 사람에게 선택받고 있는 중요한 미디어입니다.

생각하기 & 토론하기

- 내가 구독하는 유튜브 방송이 무엇인지 말해 보고, 유튜브 방송이 재미있게 느껴지는 이유를 말해보세요.
- 유튜브에 영상을 올린 경험이 있나요? 만약 있다면 어떤 주제의 영상이었나요?

03

옛날에도
미디어가 있었어

삶의 터전과 함께한 라디오

우리나라 최초의 방송 뉴스는 일제 강점기인 1927년 경성방송에서 시작되었습니다. 당시 일본의 선전을 목적으로 방송이 시작되었죠. 이후 라디오가 조금씩 보급되었고, 라디오 크기도 점차 소형화되었으며, 광복 이후에는 휴대용 라디오가 등장했습니다. 6 · 25전쟁 때는 전쟁의 상황을 알리는 데 라디오가 매우 중요한 역할을 했습니다.

6 · 25전쟁 이후 1954년 기독교방송(CBS)의 개국을 시작으로 많은 방송국이 설립되었습니다. 그리고 1960년대에는 라디오 보급이 비약적으로 증가했습니다. 이때 라디오가 보급되었던 정치적인 이유가 있었습니다. 군사 쿠데타를 일으켜 집권에 성공한 박정희 정

권은 정당성을 인정받기 위해 경제 발전의 성과를 대대적으로 홍보할 수단이 필요했습니다. 당시 정권이 그 수단으로 텔레비전이 아니라 라디오를 선택한 것은 라디오는 일을 하는 동시에 청취할 수 있었기 때문입니다.

당시만 해도 많은 국민이 생업에 종사하느라 쉴 겨를이 없었기 때문에 시간을 들여야 하는 텔레비전보다 라디오가 더 효과적이었던 것입니다. 라디오는 공장에서 옷을 수선하는 일을 하면서, 식당에서 식사하면서, 상점 주인이 손님을 기다리면서도 곁에 두고 들을 수 있었습니다. 또 당시만 해도 한문투성이였던 신문 기사를 읽을 수 있는 사람이 그렇게 많지 않았습니다. 이런 상황에서 라디오는 정부의 정책을 홍보하기에 아주 안성맞춤이었죠.

이후 텔레비전이 보급되면서 라디오는 점차 대중의 관심에서 멀어져 갔습니다. 사람들은 텔레비전 때문에 라디오가 사라질 것이라고 예상했습니다. 그러나 라디오는 그 특성 때문에 지금까지 여전히 명맥을 유지하고 있습니다. 특히, 출퇴근 시간대 뉴스는 지금도 높은 청취율을 기록하고 있습니다. 사람들이 운전하면서 라디오를 많이 듣기 때문이지요.

그중 2016년 첫 방송을 시작한 TBS의 〈김어준의 뉴스공장〉은 2018년 라디오 청취율 조사에서 1위를 한 후 2021년까지 꾸준히 사랑받고 있습니다. 시사 프로그램으로는 이례적이라고 할 수 있습니다. 지금까지 10퍼센트가 넘는 청취율로 웬만한 텔레비전 프로그램 시청률보다 높은 수치를 기록하고 있습니다.

텔레비전과 땡전 뉴스의 추억

우리나라 텔레비전 뉴스를 시작한 방송은 1956년 KORCAD-TV입니다. 그러나 1년 만에 당시 한국일보에 인수되어 대한방송(DBC)으로 바뀌었습니다. 이후 1961년 화재로 인해서 대한방송의 송출이 중단되었고, 12월 박정희 정부가 대한방송의 방송권을 정부로 이양시켜 간판을 KBS로 바꾸어 개국하면서 시작되었습니다.

초기 KBS는 국영방송의 형태로 정부가 운영했기 때문에 정부의 홍보성 프로그램 제작에 중점을 두었습니다. 그러나 1964년과 1969년 민영방송인 TBC(동양방송)와 MBC(문화방송)가 텔레비전 방송을 시작하면서, 사람들의 관심은 정권 홍보에 중점을 두는 KBS에서 재미와 오락을 추구하는 민영방송으로 옮겨갔습니다. 그러자 KBS도 1973년 국영방송에서 공영방송으로 바꿉니다.

텔레비전 방송이 시작된 초기에는 텔레비전 가격이 일반 집값보다 비쌌고, 서울과 수도권까지만 전파가 수신되어 보급이 빠르지 않았습니다. 전파 수신은 점점 지방으로 확산되었지만, 1970년대까지만 해도 수도권 이외 지역에서는 텔레비전이 있는 집이 많지 않았습니다. 이 때문에 큰 스포츠 행사나 큰 사건이 발생했을 때는 동네 사람들이 텔레비전이 있는 집에 모여서 다 함께 보았었죠.

1980년 전두환 정부가 들어서면서 방송은 큰 변화를 겪습니다. 쿠데타로 정권을 잡은 전두환 정부는 정권에 비판적인 언론사와 언론인을 제거하고 길들이기 위해 언론 통폐합[8]을 시도했습니다. 이때 TBC

가 KBS에 강제로 편입되어 KBS2가 됩니다. 그리고 민영방송이던 MBC 역시 상당수의 주식을 KBS가 가져가서 공영방송으로 전환되죠. 언론 통폐합은 텔레비전 방송에만 머무르지 않았습니다. 수많은 라디오 방송과 신문사, 그리고 정기 간행물도 폐간 또는 흡수되는 아픔을 겪었습니다. 언론의 자유를 뺏긴 암울한 시기였습니다.

1991년 SBS(서울방송)가 개국하고, 2011년 종합편성채널이 개국하면서 지금은 시청자의 선택의 폭이 매우 넓어졌습니다.

잠깐만! 쉬어가는 뉴스

보도 지침과 땡전 뉴스 🔍

전두환 정부는 정권을 잡은 뒤 언론을 통제하기 위해 매일 각 언론사에 보도 지침을 내렸습니다. 보도 지침이란 당시 정부가 원하는 방향의 뉴스 내용과 형식을 언론사에 전달한 것을 말합니다. 이렇게 정부에서는 사전에 방송과 신문에 내보낼 내용을 미리 심사했습니다. 그리고 언론사가 보도 지침을 지키지 않으면 방송과 신문에 내보낼 수 없도록 막았습니다. 언론을 강력하게 통제하던 암울한 시기였습니다. 또한 전두환 정부 시기에는 '땡전 뉴스'라는 것이 등장했었죠. '땡전 뉴스'는 9시를 알리는 시계의 '땡' 소리와 함께 아나운서가 '전두환 대통령은~'으로 시작하였다고 해서 나온 단어였습니다. 이는 당시 뉴스 맨 첫 기사를 항상 전두환 대통령의 일과 보도로 시작하는 것을 비난조로 이르는 말입니다.

....
8. 전두환 정부가 1980년 11월 국가보위비상대책위원회를 만들어 시도한 언론 통제 정책

세계 최초의 일간 신문 《조보》

조선 시대에 신문이 있었다는 이야기를 들어본 적이 있나요? 조선 시대에 만들어진 《조보》는 매일 아침 승정원에서 만들었는데, 임금의 명령이나 중요한 정책을 기록하고, 상소에 대한 임금의 답변, 그리고 인사이동이나 사건·사고를 다루었다고 합니다. 《조보》가 나온 뒤에는 관리들이 그 내용을 베껴서 《관보》를 만들고 나랏일을 하는 신하와 양반들에게 나눠줬습니다. 어떻게 보면 지금의 신문과 크게 다르지 않을 정도로 매우 근대화된 신문이라고 할 수 있습니다.

《조보》의 발행 시기는 1660년입니다. 세계 최초의 일간 신문으로 알려진 《라이프치거 차이퉁겐》[9]보다 훨씬 앞서 발행되었습니다. 이를 뒷받침하는 증거로 《조선왕조실록》 중 《선조실록》에 《조보》에 관한 내용이 포함되어 있습니다. 한편 2017년 경북 용화사 지봉 스님은 《조보》 8장을 공개하였는데[10], 이는 1577년에 발행된 것으로 밝혀져서 놀라움을 주었죠. 다만, 이때 발견된 《조보》는 전

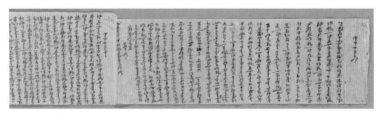

《조보》, 세로 32cm 가로 2000cm, 국립중앙박물관 소장

....
9. 1660년 독일에서 발행된 세계 최초의 일간 신문
10. 김정석, 〈'세계 최초 일간 신문' 조보 추정 문서 발견〉, 《중앙일보》, 2017. 4. 18.

《한성순보》 제1호
국립중앙박물관 소장

체가 아닌 일부여서 큰 아쉬움이 남습니다.

우리나라 근대 신문 중 최초는 1883년에 발간된 《한성순보》입니다. 고종의 명을 받은 박영효가 발행했으나 1884년 박영호의 좌천으로 중단되었습니다. 그 뒤 1886년 《한성주보》, 1896년 《독립신문》, 1898년 《황성신문》·《제국신문》·《매일신문》, 1905년 《대한매일신보》, 1906년 《만세보》, 1909년 《대한민보》와 《경남일보》 등이 계속해서 출간되었습니다. 일제 강점기에 이런 신문들은 모두 검열에서 자유롭지 못했습니다. 그래서 일본에 의해 강제로 삭제된 기사도 많았습니다. 반면 《한성신보》, 《대한일보》, 《경성일보》, 《조선신문》 등은 일본을 대변하는 신문이었습니다.

《대한민보》
세로 49.8cm 가로 34.0cm
국립중앙박물관 소장

1910년 강제합병 후 일본은 한국인의 신문 발행을 금지했습니다. 우리 국민은 총독부 기관지인 《매일신보》만 볼 수 있었습니다. 1920년까지는 우리 언론의 암흑기였습니다. 그러나 3·1운동 후 1920년 일제는 일부 일간 신문을 허락했는데, 이때 나온 신문이 바로 《조선일보》와 《동아일보》였습니다. 그러나 일제 강점기 말인 1940년 《조선일보》와 《동아일보》가 폐간을 당하면서 민간 언론의 암흑기가 다시 시작되었습니다.

1945년 폐간을 당했던 《조선일보》와 《동아일보》는 해방과 더불어 다시 복간됩니다. 이때 《경향신문》과 《서울신문》을 비롯한 많은 신문사가 등장했습니다. 6·25전쟁 이후에도 1954년 《한국일보》를 비롯하여 여러 신문사가 창간됩니다. 그러다 1960년 자유당 정부가 시작되며 100여 개의 일간 신문이 등장했는데, 1961년 박정희 군사정부의 등장과 함께 대거 강제 폐간되고 일부만 남습니다.

이런 혼란 속에도 1964년에는 일요신문(1962년 9월 9일)이 현대경제일보(1964년 10월 12일)로 바뀌고, 1965년에는 1980년에 폐간되는 신아일보(5월 6일)와 중앙일보(9월22일), 1966년에는 매일경제(3월 24일)가 창간되었습니다.[11]

1987년 6·29선언 뒤 언론에 대한 제재가 가벼워지자 1988년부터 다시 《한겨레신문》, 《문화일보》, 《국민일보》, 《세계일보》 등 다양한 신문들이 등장했습니다.

2000년에는 신문에 또 다른 큰 변화가 일어납니다. 바로 인터넷 신문 《오마이뉴스》의 등장입니다. 《오마이뉴스》는 기존의 기자 개념을 새롭게 바꾸었습니다. '모든 시민이 기자다'라는 구호를 가지고 시민들이 기자로서 활동할 수 있도록 했습니다. 조회 수에 따른 보

....
11. 차배근 외, 《우리 신문 100년》, 현암사, 2001, 221쪽

상과 독자의 자발적인 원고료 지원 등을 통해 시민의 참여를 유도했습니다. 인터넷으로 볼 수 있는 뉴스를 만들어 기사의 분량 제한도 사라졌습니다. 기존의 신문사처럼 한정된 종이 위에 기사를 써서 인쇄하는 방식에서 탈피한 것이죠.《오마이뉴스》의 성공적인 안착은 뒤이어 다양한 인터넷 언론이 등장하는 출발점이 되었습니다.

미디어
Talk Talk

 Q 신문이 생기기 전에는 뉴스를 어떻게 전했나요?

입소문을 비롯하여 다양한 방법으로 소식이 전해졌습니다. **A**

신문이 생기기 전에 가장 많이 이용된 미디어는 아마도 사람들의 입소문이었을 것입니다. 입소문은 두 가지로 살펴볼 수 있습니다. 첫째는 특정 사람이 아닌 대중들에 의한 입소문입니다. 어떤 소문이 시장 장터에서 사람들에게 전해지고, 이 소문이 또 빨래터나 음식점에 전해집니다. 또 마을을 돌아다니며 장사하는 사람들을 통해 이 마을 저 마을로 전달되기도 하죠. 때로는 소리꾼들의 이야기로 만들어져 여기저기 전달되기도 합니다. 이런 대중의 입소문은 전달 속도가 매우 빠르다는 장점이 있습니다.

둘째는 옛날엔 소식을 전달하는 전문적인 사람들도 있었습니다. 그야말로 뉴스 전달자라 할 수 있었죠. 서양에서는 메신저라고 했습니다. 이런 일을 한 사람은 달리기를 잘하는 사람이나 목소리가 큰 사람들이었습니다. 이들은 왕이나 영주의 명령을 전달하기도 하고, 전쟁이나 재해 등 큰 사건의 뉴스를 다른 지역에 전달하는 역할도 했습니다. 초기에 이들은 정부나 권력을 가진 사람들에게 소속되어 있는 경우가 많았습니다. 그러나 시간이 지나면서 뉴스 전달자는 전달자의 역할에만 머무르지 않고 뉴스를 수집하는 역할을 하면서 독립하는 경우가 증가했습니다. 그러면서 뉴스를 전달하는 것보다 정보를 모아서 활용하거나 다른 사람에게 정보를 파는 일을 전문적으로 하게 되었죠.

말 이외에도 소식을 전달하는 방법은 다양했습니다. 먼저 글자를 활용한 방식이 보편적이었습니다. 사람들이 많이 다니는 곳에 글을 써서 붙이는 방식입니다. 특히 정부나 행정을 담당하는 곳에서 많이 사용했었죠. 시대에 따라서 큰 돌에 새겨 넣기도 했고, 흙에 쓰기도 했고, 나무나 종이에 글을 쓰기도 했습니다. 왕의 명령이나 정부의 새로운 법과 제도가 시행될 때, 또는 죄를 지은 범인을 잡고자 할 때 이런 방식으로 소식을 알렸습니다. 그러나 이 방법은 당시 글을 모르는 사람에게는 잘 전달되지 않는다는 단점이 있었습니다.

이 밖에 그림을 이용한 방식도 있었습니다. 이 경우에는 글자를 모르는 사람들도 알아볼 수 있다는 장점이 있었죠. 이처럼 신문은 없었지만 신문 이전에도 소식을 전하는 통로는 다양했습니다. 그러나 초기 신문의 등장은 이전 매체에 비해서 짧은 시간 동안 많은 사람에게 소식을 전할 수 있는 매우 획기적인 미디어였습니다.

생각하기 & 토론하기

• 우리나라 조선 시대 말과 일제 강점기에 지식인들이 많은 어려움에도 불구하고 신문을 발간하려고 했던 이유는 무엇일까요?

미디어는 세상을 보는 창일까?

04

우리가 세상을 보는 방법

우리는 미디어를 통해 세상에서 일어나는 일과 정보의 대부분을 얻고 있습니다. 그래서 미디어는 세상을 보는 '창'이라고 말할 수 있습니다. 그런데 여기서 잠깐 생각해볼 것이 있습니다. 과연 '우리가 보는 미디어는 정말로 투명할까?'라는 것입니다. 그 미디어가 투명하다면 우리는 세상의 진짜 모습만을 볼 것입니다. 그런데 우리가 보는 미디어가 투명하지 않다면 어떨까요? 예를 들어 빨간색 유리창으로 세상을 본다면 세상은 모두 빨갛게 보일 것입니다. 또 파란색의 유리창으로 세상을 본다면 세상은 모두 파란색이겠죠. 색깔뿐만이 아닙니다. 만약 창에 굴곡이 있다면 세상은 마치 울퉁불퉁 굴곡

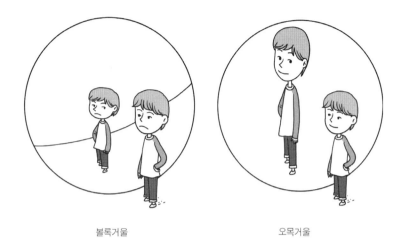

볼록거울   오목거울

져 보일 것입니다. 위의 그림처럼 거울 반사면의 모양에 따라 똑같은 사람도 서로 다르게 보일 수 있습니다. 그래서 세상을 바라볼 때 어떤 유리를 통해서 보는지가 매우 중요합니다. 안타까운 점은 '창' 역할을 하는 미디어가 항상 투명한 것은 아니라는 것입니다. 미디어의 종류에 따라 서로 다르고, 같은 미디어끼리도 차이가 있습니다.

사실 미디어는 저마다의 색을 가지고 있습니다. 미디어를 만드는 사람의 생각이 서로 다르기 때문입니다. 사람은 자신이 살아온 환경에 의해 영향을 받습니다. 그러면서 사람들은 자신도 모르는 사이에 자신만의 색이 입혀지고, 이러한 색은 저마다 다르게 나타납니다. 지구상에 존재하는 수많은 사람 중 그 누구도 나와 똑같은 사람이 존재하지 않는 것처럼 말입니다. 이처럼 색의 차이는 같은 사건이라도 조금씩 다른 뉴스를 만들어냅니다.

미디어의 함정

'중립적인 태도를 보이는 언론사는 괜찮지 않나요?'라고 묻는 사람이 있을 수 있습니다. 그럼 만약의 상황을 한번 가정해볼까요? 뉴스 기사를 쓰는 어느 기자나 언론사가 정말로 중립적입니다. 그렇다면 이들은 더하거나 빼는 거 없이 세상을 있는 그대로 보여줄 수 있을까요?

이를 증명하기 위해 제 수업 시간에 있었던 일화를 예로 들겠습니다. 한 친구를 나오게 해서 그 친구에게만 아래 그림을 보여주고 이것을 다른 친구들에게 말로 설명해보라고 했습니다.

원본 그림

그리고 다른 친구들에게는 그림을 본 친구의 설명을 들으면서 그림을 그려보게 했습니다. 그 후에 설명만 듣고 그림을 그린 친구들의 그림과 원본 그림을 비교해보았습니다. 결과는 어떻게 나왔을까요? 결과는 다음과 같습니다.

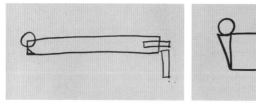

그림 1

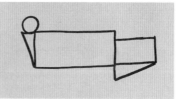

그림 2

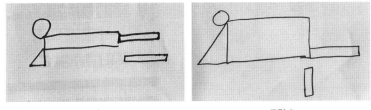

| 그림 3 | 그림 4 |

위 그림(그림 1~그림 4)을 보면 원본 그림과 똑같은 그림이 하나도 없다는 것을 알 수 있습니다. 같은 설명을 듣고 그렸는데도 그림이 모두 다릅니다. 이것을 보면 미디어의 함정에 대해 생각해볼 수 있습니다. 여기에서 본 것은 몇 개의 도형에 불과합니다. 그런데 우리가 사는 세상은 몇 개의 도형보다 훨씬 복잡한 3차원 세상입니다. 단 몇 개의 도형도 똑같이 드러내기가 쉽지 않은데 여러 가지로 얽힌 세상을 말이나 글을 통해 있는 그대로 묘사하여 설명한다는 것은 거의 불가능에 가깝습니다.

다른 예를 들어 설명해보겠습니다. A라는 사람이 어떤 한 사건을 보았고, A가 그 사건에 대해 B라는 사람에게 이야기를 전한다고 가정해봅시다. 이때 A는 자신이 본 사건을 있는 그대로 정확하게 설명할 수 있을까요? 대부분의 사람들은 자신이 본 사건에 대해 말할 때 자신의 의견을 곁들입니다. A는 자신이 살아온 환경이나 경험을 토대로 사건을 바라보며 이야기하게 되고, B는 A로부터 들은 이야기를 자신의 상상과 결합하여 또 다른 3차원의 세상을 만들어 이해하기 마련입니다. 이렇게 되면 A와 B의 사건은 똑같은 것일까요? 그렇지 않습니다. 사람은 저마다 달라서 A와 B가 생각하는 사건은 서로 다를 때가 많습니다. 만약 B가 이 사건을 C란 사람에게 이야기하고, C는 또 D에게 이야기한다고 생각해보세요. 아마도 처음의 사건과 D가 이해하는 사건은 완전히 다른 사건이 될지도 모릅니다. 그래서 우리는 어떤 사건이 소문으로 퍼져나갈 때 그 소문이 점점 더 변질되는 것을 볼 수 있습니다.

잠깐만! 쉬어가는 뉴스

전깃줄 위의 참새 이야기 🔍

전깃줄에 참새 열 마리가 앉아 있었습니다. 저 멀리서 참새를 본 포수가 총으로 참새 머리를 겨냥하고 있었습니다. 이것을 본 첫 번째 참새가 옆의 두 번째 참새에게 "엎드려!"라고 외쳤습니다. 그리고 두 번째 참새는 세 번째 참새에게, 세 번째 참새는 네 번째 참새에게, 네 번째 참새는 다섯 번째 참새에게 이 말을 전달하여 열 번째 참새까지 전달되었습니다. 그런데 마지막 열 번째 참새가 총에 맞아 죽었습니다. 왜 그랬을까요?

첫 번째 참새는 '엎드려'라고 정확하게 말했지만 옆의 참새에게 전달되는 과정에서 '엎

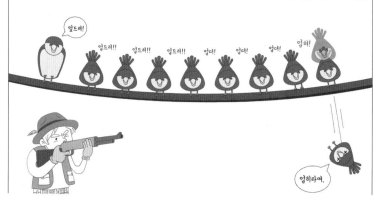

드려', '엎뎌', '업혀'로 점점 변해갔습니다. 결국 마지막 열 번째 참새가 아홉 번째 참새 위에 업혀서 죽은 것이었습니다. 이처럼 전달되는 과정에서 말은 점점 변질될 수 있습니다.

관점이 차이를 만든다

미디어는 또 다른 함정이 있습니다. 보는 곳이 어디냐에 따라 사물이 전혀 다르게 보인다는 것입니다. 세 사람에게 똑같은 것을 보여주면서 그림으로 그리라고 했습니다. 그랬더니 세 사람이 그린 그림은 다음과 같았습니다.

그림 1   그림 2   그림 3

세 사람이 똑같은 사물을 보고 그렸는데 전혀 다른 그림이 되었죠. 그림 1은 어디를 보고 그렸을까요? 예상한 사람이 많을지 모르겠지만, 이것은 주전자를 위에서 본 모습입니다. 그림 2는 옆에서 주전자를 본 모습이고, 그림 3은 밑에서 주전자를 본 것입니다. 위의 그림은 같은 사물이어도 어느 각도에서 보느냐에 따라서 사물이 전혀 다르게 표현된다는 것을 확인시켜줍니다. 미디어도 이와 같습니다. 언론사마다 보는 각도에 따라서 똑같은 사건도 전혀 다르게 표현할 수 있습니다. 이를 관점이라 합니다. 똑같은 사건을 똑같이 취재했는데 전혀 다른 기사가 나오는 사례는 많습니다. 바로 관점이 다르기 때문입니다. 심지어 어떤 사건은 언론사의 접근 시각에 따라 완전히 상반되게 나오는 경우도 있습니다.

2020년, 전 세계가 코로나19 때문에 무척 힘든 상황이었습니다. 2020년 3월 29일에 조사한 코로나 방역에 대해 우리나라 언론들은 매우 상반된 보도를 했습니다. 경향신문에서는 국민 대상의 설문 조사 결과를 가지고 '코로나19 방역 잘하고 있다'라고 기사를 실은 반면, 다음 날 조선일보에서는 의사들의 설문 조사를 바탕으로 '의사 70퍼센트 "정부의 코로나 대응 잘못됐다"'라는 기사를 실었습니다. 비슷한 시기더라도 누구를 대상으로 하는 조사인지에 따라 결과가 전혀 다르게 나타날 수 있다는 것을 보여주는 예입니다.

정부의 코로나19 방역 대응 평가

매우 잘 못함 9.1 + 잘 못하는 편 12.9 ─ 모름·무응답 1.0

못함

22.0

%

잘함
77.0

매우 잘함 36.4 +
잘하는 편 40.6

경향신문(2020. 3. 29.)

의사 70% "정부의 코로나 대응 잘못됐다"

의사 10명 중 7명이 "정부의 코로나 대응이 잘못됐다"고 평가하는 설문 조사 결과가 나왔다.

조선일보(2020. 3. 30.)

관점의 다양성이 때론 장점이 될 수 있다

뉴스가 서로 다른 것은 비판받아야 할까요? 같은 사건을 서로 다르게 보도하는 것은 사람들에게 혼란을 줄 수 있습니다. 그러나 관점이 다르다는 것에는 장점도 있습니다. 바로 다양한 각도에서 사건을 볼 수 있도록 해주는 것이죠. 앞에서 우리는 3차원의 세상을 글이나 말로 똑같이 설명하는 것은 한계가 있다고 했습니다. 그러나 서로 다른 관점으로 많은 사람의 이야기를 종합해보면 많은 정보가 모일 수 있습니다. 그리고 이 정보들을 퍼즐처럼 맞추다 보면 원래의 사건에 더 가깝게 다가갈 수도 있습니다. 앞의 주전자 그림을 보면, 한 방향에서만 보는 것보다 다양한 각도에서 보는 주전자 모습이 많아질수록 주전자 본래의 모습을 더 정확하게 알 수 있는 것과 같습니다. 따라서 미디어를 대하는 이들은 다양한 각도의 정보를 취합하려는 노력이 필요합니다. 이것이 진실에 더욱 가까이 다가갈 수 있는 가장 좋은 방법이 될 수 있습니다.

미디어 Talk Talk

Q 전문가나 유명인이 말하는 거면 믿어도 되는 거 아닐까요?

A 누가 말하는 것에 집중하기보다는 뉴스의 사실을 제대로 파악하는 것이 중요합니다.

우리는 전문가나 유명인이 말하는 사실을 쉽게 믿습니다. 그런데 반대로 생각해서 그 말이 잘못된 사실이라면 어떻게 될까요? 예를 들어 대통령 선거처럼 온 국민이 관심을 갖는 방송이나 뉴스에서 같은 사실을 두고도 서로 다른 말을 하지요. 이건 각자 서로에게 유리한 입장에서 문제를 해석하기 때문입니다. 그래서 똑같은 내용의 기사도 제목부터 서로 상반되는 경우가 있습니다. 특히 유튜브와 같은 인터넷 미디어의 경우 이런 경향이 더 심합니다.

그래서 우리는 전문가나 유명한 사람이 한 말은 물론, 다른 매체나 정보를 두루두루 살펴서 어떤 말이 정확한 사실인지 확인해야 합니다. 그 과정에서 사용되는 그래프나 통계는 꼼꼼히 살펴보고 판단해야 합니다. 그래프나 통계는 사실을 객관적으로 전하는 것 같지만 어느 한쪽에 유리하게 왜곡된 뉴스 자료로 쓰일 수 있기 때문입니다. 그래서 뉴스를 볼 때는 항상 '왜?'라는 의문을 품고 그 안에 숨겨 놓으려고 한 것은 없는지 잘 들여다 보아야 합니다.

생각하기 & 토론하기

- 과거 미디어는 커뮤니케이션이 가장 중요한 수단이었지만 현재는 놀이의 수단으로 점점 확장되고 있습니다. 특히 게임은 청소년들에게 매우 인기 있는 미디어 중 하나입니다. 온라인 게임 중 한두 가지를 정해서 이 게임이 게이머에게 주는 메시지는 무엇인지 말해보세요.

- 하나의 사건이 사람들 사이에서 계속 전달되다 보면 원래의 사건과 다르게 점점 변질됩니다. 그럼 소문을 전달하는 중간자 입장에서 변질을 줄이기 위해서 할 수 있는 최선의 방법에는 무엇이 있을까요?

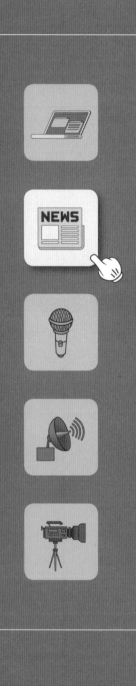

PART

2

미디어의 힘

01 우리가 뉴스를 보는 이유

뉴스란 무엇인가요?

뉴스의 사전적 정의는 '새 소식', '보도'로 압축되어 표현되기도 하지만, 다양한 정의와 해석이 존재해 한마디로 규정짓기는 어렵습니다. 학자들에 따라 뉴스를 '독자에게 흥미 있거나 중요한 사건에 대한 시의성 있고 정확한 보도'라고 보거나 '인류가 관심을 가지는 모든 것에 대한 시의적 보도'라고 명명합니다.[12] 이렇게 뉴스에 대한 해석은 다양하지만, 가장 일반적으로는 '사람들에게 알려지지 않은 새로운 일이나 소식으로 미디어가 시사성 있게 보도하는 정보'[13] 또

---

12. 설진아 · 강진숙, 《미디어교육》, 한국방송통신대학교출판문화원, 2021, 100쪽
13. 현택수, 《매스커뮤니케이션과 사회》, 동문선, 2005.

는 '미디어를 통해 유통되는 많은 사람들의 관심이나 이익에 관한 시의성 있는 정보'[14]라고 뉴스를 정의할 수 있습니다.

오랫동안 기자로 활동한 구본권은 《인터넷에서는 무엇이 뉴스가 되나》에서 뉴스로서의 가치가 있는 나의 관심사나 흥미보다는 사회적 관심의 영역에서 의미가 결정된다고 합니다. 즉, 뉴스는 '나의 관심사'가 아니라 '가장 많은 사람의 관심사'로서 소비된다고 할 수 있습니다. 그런데 여러분은 이러한 뉴스를 어디에서 접하나요? 아마도 포털 사이트, SNS, 메신저 서비스를 통해 다양하게 접할 것입니다. 예전에는 종이 신문으로 뉴스를 접했지만 오늘날 사회에는 뉴스를 전달하는 미디어가 엄청나게 많아졌습니다. 그렇다면 이렇게 많은 미디어가 전달하는 뉴스를 어떻게 읽어내야 할까요?

정보의 가치와 중요성

여러분, 매일같이 접하는 뉴스를 읽어야 할 이유를 찾으려고 하니까 쉽지 않지요? 한 예로 뉴스가 가진 정보의 가치를 설명해보겠습니다. A라는 사람이 텔레비전을 100만 원에 샀습니다. 그런데 B라는 사람이 똑같은 텔레비전을 일주일 뒤 62만 원에 샀습니다. 왜 똑같은 텔레비전인데 구매한 가격이 다를까요? 어떻게 된 일일까요?

....
14. 양정애 외, 《뉴스 리터러시 교육 2》, 한국언론진흥재단, 2016.

A는 오프라인 매장에 직접 가서 텔레비전을 구매했습니다. 그런데 B는 그 텔레비전이 일주일 뒤에 할인한다는 소식을 들었고, 할인이 시작되자 인터넷에서 가장 최저가에 판매되는 곳을 찾아서 제품의 상태를 확인하고 구매했습니다.

위와 같은 사례는 우리 주변에서 흔히 볼 수 있는 일입니다. 그렇다면 두 사람의 차이는 무엇일까요? 바로 정보의 차이에 있습니다. A는 텔레비전이 곧 할인에 들어간다는 사실을 몰랐지만, B는 텔레비전의 할인 정보를 듣고 기다렸던 것이죠. 게다가 B는 여러 온라인 사이트에서 가격 정보를 비교해보고 더 저렴한 곳을 찾아 구매하였습니다. 이것이 의미하는 바는 무엇일까요? 정보는 바로 돈이 될 수 있다는 것입니다.

우리 사회에서 정보가 돈이 되는 사례는 많이 있습니다. 그중 주식이 그렇습니다. 주식에서 가장 중요한 것은 정보입니다. 그래서 주식 정보를 돈 주고 사는 사람들도 있죠. 이는 정보를 듣고 산 주식으로 큰돈을 벌었던 사례가 많기 때문입니다. 물론 우연적인 요소가 어느 정도 존재하고 정보가 잘못되었을 때는 실패할 수도 있습니다. 그러나 정보를 알고 있으면 주식의 상승과 하락에 대한 예측을 높여 실패할 확률이 적다는 것은 확실하다고 볼 수 있습니다.

이 밖에도 부동산 소식, 기업의 연구 정보, 시험에 관련된 정보, 상품의 가격 비교 정보, 신상품 정보 등은 개인의 재산과 기업의 흥망 등에 많은 영향을 미치고 있습니다. 그리고 이런 정보는 뉴스를 통해서 제공되고 있습니다.

사람들은 왜 뉴스를 볼까요?

뉴스는 정보를 제공한다고 했습니다. 그렇다면 이러한 본연의 기능 외에 우리가 뉴스를 봐야 하는 이유는 무엇일까요? 단 여기에서 뉴스라고 하는 것은 뉴스 프로그램만을 의미하는 것이 아니고 미디어를 통해 얻게 되는 모든 새로운 것을 말합니다.

첫째, 시대의 흐름을 알게 합니다. 뉴스는 세상에서 발생하는 다양한 변화를 보여줍니다. 내가 사는 지역과 나라는 물론, 세계 곳곳에서 무슨 일이 일어나고 있는지 알려줍니다. 이를 통해 우리는 변화에 발맞추어 갈 수 있습니다. 이때 '세상의 흐름을 꼭 알아야 하나요?'라고 질문하는 분도 있겠죠.

그런데 사람은 사회적 동물입니다. 이 때문에 사회의 변화를 무시하고 세상을 사는 것은 쉽지 않습니다. 시대의 흐름을 알고 있으면 미래의 흐름에 대해 다양하게 예측하는 데 유리합니다. 미래를 예측하면 미래를 대비할 수 있습니다. 예를 들어 청소년이 4차 산업혁명에 관련된 다양한 기술을 소개하는 뉴스를 보았다고 가정해 봅시다. 이런 뉴스를 보면 미래 사회가 어떻게 변화할지 예상할 수 있고, 미래 사회가 요구하는 역량을 길러 자신의 진로를 계획할 수도 있겠죠. 따라서 뉴스를 통해 시대의 흐름을 아는 것은 아주 의미 있는 일이라 할 수 있습니다.

둘째, 사고의 폭을 넓혀줍니다. 사람은 자신에게 많은 정보가 있을 때 이를 적용하고 활용할 수 있는 것이 많아집니다. 즉 정보가

많아진다는 것은 생각의 폭이 넓어진다는 것을 의미하죠. 그래서 어떤 상황에 놓였을 때 아는 것이 많은 사람은 더 다양한 선택의 기회를 가질 수 있습니다. 그래서 옛말에 '아는 것이 힘이다'라는 말도 있죠.

셋째, 필요한 지식을 제공합니다. 최근 코로나19로 인해 전 세계가 어려움을 겪었습니다. 이때 국가는 뉴스를 통해 코로나19 질환에 대해 알려주고, 바이러스에 덜 노출되는 방법에 대해서도 말해주었습니다. 마스크 쓰기, 손 자주 씻기 등은 누구나 가장 쉽게 바이러스에 대처할 수 있는 방법이었습니다. 살을 빼고 싶은 사람을 위한 뉴스도 있습니다. 그런 뉴스에서는 열량이 높은 음식과 낮은 음식, 그리고 다이어트에 도움이 되는 운동 방법을 알려줍니다. 또 이상기후가 발생했을 때 지구온난화가 원인이었다는 것과 그에 따른 생태계의 변화, 대처 방안 등에 대해서 자세하게 알려주는 뉴스도 있습니다. 즉 우리는 뉴스를 보면서 다양한 지식을 얻을 수 있습니다.

넷째, 삶의 울타리를 넓혀줍니다. 뉴스에서 소개되는 지역을 보면서 우리는 그곳에 가보고 싶은 소망을 갖습니다. 또 해외여행 프로그램이나 해외 축제 소식을 보면서 해외여행의 꿈을 꾸기도 합니다. 또 뉴스는 미술관 전시나 음악회 소식을 전달해서 우리에게 여러 예술 활동을 알게 하고 때로는 영상을 통해 간접 체험의 기회를 제공하기도 합니다. 이처럼 다양한 경험의 제공은 삶의 공간을 넓히고 풍요롭게 하는 데 도움을 줍니다.

뉴스의 기능

뉴스의 또 다른 기능에는 무엇이 있을까요? 첫째, 뉴스는 사람들의 가려운 마음을 긁어줍니다. 누구에게나 진실을 알고 싶어 하는 기본적인 욕망이 있습니다. 이 때문에 어떤 사건을 보면 그 사건이 발생한 이유에 대해 호기심을 갖기 마련입니다. 뉴스는 그 사건에 대한 다양한 정보를 제공합니다. 사람들은 호기심을 가졌던 사건을 속속들이 알게 되었을 때 비로소 감정이 해소되는 것을 느끼게 됩니다. 마치 가려운 부분을 누가 긁어준 것처럼 말이죠.

또 사람은 자신이 믿고 있는 것에 대하여 남들이 동의해주면 카타르시스를 느낍니다. 뉴스가 바로 이런 역할을 하죠. 언론사의 성향에 따라 진보 채널, 보수 채널이 나누어져 있습니다. 그래서 사람들은 자신의 목소리를 대변해주는 뉴스를 찾아서 봅니다. 각자 보는 뉴스 채널이 다른 이유는 바로 이것 때문입니다.

둘째, 뉴스는 국가와 국민 사이의 소통 창구 기능을 합니다. 민주주의 사회에서는 국민의 참여가 아주 중요합니다. 따라서 국민 전체에게 정책을 알리고 국민에게 의견을 물어보아야 합니다. 이때 국가는 뉴스를 통해 정책의 변화나 새로운 법 시행 등을 알리고, 또 국민의 여론을 들을 때도 뉴스를 통합니다. 국민의 반응은 인터뷰를 통해 알 수도 있고, 언론사에서 의뢰한 설문조사 결과를 두고 파악할 수도 있습니다. 따라서 뉴스는 민주주의 사회에서 국가와 국민의 소통 창구로 매우 중요한 역할을 합니다.

셋째, 뉴스는 사회 질서를 유지하는 윤리적 역할을 합니다. 뉴스는 잘못된 사건, 사고에 대해 파헤치고 칭찬받을 만한 일에 대해 널리 알립니다. 우리 사회에서 일어나는 다양한 문제점 또는 비리가 있을 때 이를 통렬하게 비판합니다. 그래서 뉴스는 정치 권력이나 경제 권력 그리고 사회 곳곳을 감시하는 역할을 하죠. 이런 뉴스 보도는 우리 사회가 병들지 않게 예방 기능을 하고 있습니다. 또 사람들의 아픔에 공감하고 개인의 선행을 알려 뉴스를 보는 이들에게 긍정적인 에너지를 심어주고 희망과 용기를 불어넣어 줍니다. 그래서 사람들이 선하고 좋은 일을 하고 싶도록 동기부여를 합니다.

미래는 정보가 더욱 중요해지는 시대

미래와 관련해 이야기할 때 가장 많이 언급되는 것은 글로벌 사회와 4차 산업혁명입니다. 미래로 갈수록 정보의 중요성이 중요해진다고 하는데 이 두 가지 단어와 정보 사이에는 어떤 연관이 있을까요?

먼저 글로벌 사회와 정보를 살펴볼게요. 글로벌 사회가 되기 위해서는 필요한 두 가지가 있습니다. 바로 만남과 소통이죠. 미래 사회는 항공, 선박, 기차, 자가용 등의 교통이 점점 더 발달하면서 이동이 더 빨라지고 편리해질 것입니다. 이로써 다른 나라의 사람과 만남의 기회가 증대되고 있습니다. 또 소통의 측면에서는 인터넷이 중요한 역할을 하고 있습니다. 인터넷 공간에서는 국경이 아예 없죠. 그나마 있는 언어의 장벽도 번역기의 발달로 점점 낮아지고 있습니다. 빅데이터가 쌓일수록 번역의 기술은 더 완벽해질 것입니다. 번역기를 활용한 동시통역의 시대도 멀지 않았죠. 이때가 되면 지구 전체는 하나의 공동체가 될 것입니다. 그런데 단순한 만남과 소통이 아닌, 원활한 만남과 소통을 위해 필요한 것이 있습니다. 바로 상대방에 대한 이해입니다. 상대방의 문화나 역사 그리고 환경 등을 잘 이해할 때 우리는 그 사람과 진정한 만남과 소통을 이룰 수 있습니다. 따라서 글로벌 사회로 가는 출발점은 전 세계의 다양한 정보를 서로 공유하는 것입니다. 즉 정보 공유는 글로벌 사회로 이어지는 통로가 됩니다.

4차 산업혁명 시대라는 말은 곧 '미래'라는 말로 사용됩니다. 미래는 4차 산업혁명을 대표하는 기술 즉 인공지능, 블록체인, 3D 프린터, 드론, 빅데이터, 자율주행, 가상현실 등이 주도하는 사회입니다. 또한 앞으로의 사회는 지금보다 더 빠른 속도로 변할 것입니다.

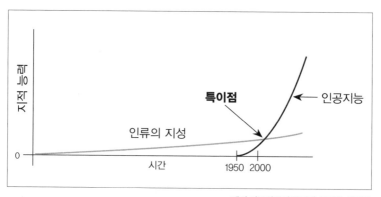

레이 커즈와일이 주장한 특이점, 재인용

특히 미국의 대표적인 인공지능 전문가이자 미래학자인 레이 커즈와일은 특이점 이후에는 사람이 아닌 인공지능에 의해서 사회가 변화할 것이라 이야기합니다. 그 근거로 레이 커즈와일은 66쪽 그림처럼 사람의 지적 능력 곡선과 인공지능의 지적 능력 곡선이 만나는 해가 있으며, 이때를 '특이점'이라고 이름을 지었습니다.[15] 특이점 이전에는 인간의 노력으로 사회가 발달하지만, 특이점 이후부터는 인공지능의 지적 능력이 더 발달하기 때문에 결국 인공지능이 사회를 변화시킬 것이라고 이야기합니다.

사회가 변화할 때마다 새로운 것이 등장합니다. 그리고 인간은 변화에 발맞추어 새로운 것을 학습해야 합니다. 그런데 그 변화 속도가 점점 더 빨라진다고 가정해보세요. 그러면 사람이 배워야 할 것은 점점 더 많아지겠죠. 짧은 시간 동안 많은 것을 배워야 사회화에 따라갈 수 있을 것입니다. 따라서 변화 속도가 빠른 미래 사회에 사람들이 학습해야 할 정보가 더 많아질 것입니다.

미래 사회를 나타내는 글로벌 사회나 4차 산업혁명 시대에는 정보의 양이 지금보다 훨씬 많아질 것으로 추정됩니다. 그러므로 미래 사회에는 정보가 없어서 문제가 되지는 않을 것입니다. 오히려 그 수많은 정보를 다 학습하기도 어려워질 것입니다. 그래서 중요하게 된 것은 정보의 양이 아니라 질입니다. 나에게 필요한 정보, 사실이 확인된 정보, 고급 정보 등을 선별하는 것이 중요합니다. 즉

....
15. 강정훈, 《4차산업 사회로 떠나는 생각여행》, 한나래플러스, 2019, 50쪽

넘쳐나는 정보 중에서 어떤 것이 더 양질의 정보인지를 분별하는 것이 더 중요한 시대가 될 것입니다.

정보 확보에서 정보 분별의 시대로

과거에는 '정보를 얼마나 많이 알고 있는가'가 중요했습니다. 부족 국가 시대에 촌장이나 노인들이 우대받았던 이유는 그들이 경험을 통해서 많은 것을 알고 있었기 때문입니다. 바로 정보가 가장 많은 사람이었죠. 도시의 형성에서 시장이 중요했던 이유도 그곳에 정보가 모였기 때문이었습니다. 정보를 많이 알고 있는 사람이 대우를 받았던 시대였습니다.

　요즘은 정보의 홍수 시대입니다. 내가 알고 싶은 정보는 얼마든지 찾을 수 있는 시대가 되었습니다. 마음만 먹으면 검색을 통해 어느 정보든 쉽게 그것도 무료로 얻을 수 있습니다. 그러나 한 가지 문제가 있죠. 정보가 너무 많다 보니, 그 정보가 진실인지 또는 신뢰할 만한 것인지의 문제가 대두되었습니다. 따라서 이제는 정보의 양이 중요한 것이 아니라 정보의 질이 중요하게 되었습니다. 그런데 정보의 질은 돈을 줘서 해결할 수 있는 문제가 아닙니다. 정보의 질은 스스로 판단할 수밖에 없습니다. 수많은 정보 중에서 '어떤 것이 더 신뢰할 만한가'에 대한 판단은 결국 스스로 공부하고 노력해서 내려야 합니다. 물론 시스템이 더욱 발전하면 어느 정도의 규제를 통해 가짜 정보를 걸러주는 쪽으로 발전할 가능성도 있습니다. 그러나 이는 오랜 시간이 걸릴 것입니다. 결국, 정보의 질에 대한 문제는 개인의 역량에 달려 있습니다.

미디어
Talk Talk

Q 바쁘게 사는데 뉴스를 몰라도 되지 않나요?

우리는 매일 뉴스를 접하고 있습니다. **A**
세상을 잘 살아가기 위해서는 뉴스를 알아야 합니다.

우리는 매일 뉴스를 접합니다. 밥을 먹을 때도 보고, 대중교통을 타고 이동하면서도 보지요. 또 메일을 열어보려고 포털 사이트에 접속하는 순간에도 여러 가지 뉴스를 한꺼번에 접하게 됩니다. 그런데 매일 이렇게 뉴스를 보는 이유는 무엇일까요? 정보 때문입니다. 정보가 있어야 친구와 가족과 소통할 수 있으니까요. 혼자만 모르는 정보라면 꿀 먹은 벙어리가 되겠지요.

그런데 우리가 매일 접하는 뉴스가 모두 유익한 것은 아닙니다. 진짜 정보에 가짜 정보를 살짝 섞어서 진짜처럼 헷갈리게 만든 정보도 있고, 아예 새롭게 만든 가짜 뉴스도 있습니다. 예전에는 언론사가 만드는 뉴스를 신뢰했지만 지금은 언론사가 아닌 내가 신뢰할 만한 사람이 만든 뉴스가 더 낫다고 생각하는 사람도 있습니다. 예전의 뉴스 선택과는 엄청난 차이가 있지요. 그런 만큼 뉴스가 전하는 내용이 사실인지 확인할 필요가 있습니다. 아무 생각 없이 뉴스를 선택하다가는, 편향된 생각으로 세상을 바라볼 수 있기 때문입니다.

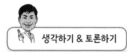

생각하기 & 토론하기

- 뉴스를 보지 않는 사람은, 뉴스를 많이 보는 사람에 비해 무엇이 부족하게 될까요?

- 학교에서 공부하는 것이 뉴스를 분별하는 데 도움이 되는지 생각해보고, 학교에서 배우는 것 외에 뉴스를 분별하는 데 도움이 되는 방법은 무엇이 있는지 말해보세요.

02 뉴스는 어떤 관점에서 만들어지는가?

세상의 수많은 뉴스

세상엔 뉴스가 참 많습니다. 우리 주변에서 일어나는 아주 사소한 일도 보는 사람에 따라서 뉴스가 될 수 있습니다. 왜냐하면 사람마다 관심을 가지는 분야가 다르기 때문이죠. 나는 관심이 없어도 누군가에게는 소중한 정보가 될 수도 있습니다. 예를 들어 평범한 음식을 먹는 것은 뉴스거리가 될까요? 보통은 뉴스거리가 되지 않는다고 생각합니다. 그러나 유튜브의 인기 콘텐츠 중에서는 평범한 음식을 맛있게 먹는 영상이 매우 많습니다. 정말 음식 먹는 것 말고는 아무것도 없는데 조회 수가 수십만 회가 넘죠. 어떤 영상은 짧은 영상을 느린 영상으로 반복해서 보여주는데 조회 수가 수백만 회를 넘깁니다.

이처럼 나는 아무 관심이 없어도 70억 명의 인구 중 누군가는 관심을 가질 수 있다는 것이죠. 그래서 어떤 사람은 "세상에 존재하는 모든 소재가 다 뉴스가 될 수 있다."라고 말하기도 합니다.

이렇듯 뉴스의 소재는 엄청 많지만, 언론사의 실제 뉴스에서는 매우 적은 수만 보도됩니다. 그러면 기존 언론사를 통해 나오는 뉴스는 어떻게 선택되는 것일가요? 수많은 사건 중에서 과연 어떤 것이 선택되는지 살펴볼까요?

언론사의 뉴스 선택 방법

언론에서 뉴스는 하나의 상품입니다. 뉴스 소비자의 선택을 기다리는 상품이라고 할 수 있습니다. 그런데 이 상품이 선택을 받지 못한다면 아무리 좋은 상품이라도 크게 의미를 붙일 수 없겠죠. 따라서 텔레비전 뉴스는 소비자의 선택을 무시할 수 없는데, 이 소비자의 선택이 바로 시청률입니다(신문에서는 구독률, 라디오에서는 청취율).

뉴스는 시청자의 선택을 받기 위해 몇 가지 특징을 보입니다. 첫째, 뉴스는 일반적인 것보다 특별한 것을 선택합니다. 아래 두 가지 상황 중 어떤 것이 뉴스 소재로 더 가능성이 클까요?

보통은 토끼와 늑대가 싸운다면 당연히 늑대가 이길 것입니다. 74쪽 그림 2처럼 늑대가 토끼를 이기는 것은 너무도 당연한 상황입니다. 이런 평범한 이야기는 기사로 나오기 힘들 것입니다. 평범한 이

그림 1

그림 2

야기는 사람들의 관심을 끌지 못하거든요. 그러나 그림 1처럼 토끼와 늑대가 싸웠는데 토끼가 이겼다고 가정해봅시다. 그러면 사람들은 '어떤 특별한 상황이었나?'라거나 '늑대를 이긴 토끼는 대체 어떤 토끼일까?'라는 의문을 가집니다. 평범한 이야기보다는 특별한 상황의 이야기가 사람들의 관심을 더 끄는 것이죠. 그래서 뉴스는 평범하고 일상적인 이야기보다 특별한 이야기에 관심을 가집니다.

만약 동화 《토끼와 거북이》의 경주에서 토끼가 이겼다면 그 동화는 사람들의 관심을 받지 못했을 것입니다. 그러나 거북이가 토끼를 이겼기 때문에 관심을 받은 것입니다. 그 경주 과정에서 어떤 일이 있었을까에 대한 호기심을 가지고 우리는 동화 속 이야기에 집중했었죠.

둘째, 뉴스는 사람들의 관심을 선택합니다. 스포츠의 경우를 예로 들어볼까요? 보통 사람들에게 인기 있는 야구나 축구 경기는 거의 매일 뉴스에서 보도합니다. 그러나 사람들의 관심이 조금 떨어지는 양궁이나 사격 등의 뉴스는 한 달에 한 번 보기도 쉽지 않습니

다. 양궁이나 사격은 우리나라의 올림픽 메달밭이라고 할 정도로 세계 최고의 실력을 보이는데도 그렇죠. 큰 세계 대회에서 상을 타는데도 뉴스에 전혀 보도되지 않을 때도 있습니다. 이것은 바로 뉴스가 사람의 관심을 반영하기 때문에 나오는 현상이죠. 비슷한 예로 유명 연예인이 결혼하는 것과 일반인이 결혼했을 때 유명 연예인의 결혼은 뉴스에 보도되지만, 일반인의 결혼은 뉴스에 나오지 않습니다. 이 이유도 유명 연예인의 결혼이 뉴스로 나왔을 때 사람들이 그 뉴스를 보기 때문에 뉴스의 소재로 활용되는 것이죠.

셋째, 뉴스는 돈이 될 수 있는 것을 선택합니다. 언론사의 주 수입원은 광고입니다. 따라서 광고가 뉴스의 소재에 영향을 줍니다. 대기업과 중소기업이 비슷한 제품을 똑같이 개발해도 대기업의 제품 개발 소식은 뉴스에서 볼 수 있지만, 중소기업의 제품 개발 소식은 뉴스에서 보기 어렵습니다. 이는 대기업은 큰돈을 내고 광고에 참여하는 반면, 소규모의 중소기업은 방송이나 신문에 광고를 하기가 어렵기 때문입니다.

혹시 우리나라에서 만든 전기자동차가 현대자동차와 기아자동차 말고도 또 있다는 것을 알고 있나요? 사실 우리나라 중소기업 몇 군데에서도 초소형 전기자동차를 직접 생산하여 판매하고 있습니다. 그러나 이 자동차 소식은 우리나라의 뉴스에서 보기 어렵습니다. 반대로 현대자동차의 '아이오닉 5'라는 제품은, 출시되기 전부터 테슬라와 비교하면서 다양한 뉴스로 계속 나왔습니다.

넷째, 뉴스는 상위층 위주로 보도할 때가 많습니다. 예를 들어 입시 관련 뉴스를 보도할 때 자료화면에는 서울대학교 정문이 등장합니다. 정시 응시율에 관련된 뉴스에서 가장 먼저 등장하는 것도 서울대학교입니다. 4년제 대학 졸업자의 취업률이 낮을 때도 취업을 하지 못한 서울대학교 출신 학생을 예로 들어 설명합니다. 마치 서울대학교 출신은 다 취업을 해야 정상인 듯 말입니다.

집값이 변화할 때도 우리나라에서 제일 비싼 강남 지역을 예로 듭니다. 사실 집값 상승에서 지방의 집값도 크게 영향을 줍니다. 그런데도 뉴스에서는 항상 강남 지역을 중심으로 보도합니다. 강남 지역의 집값은 조금만 변해도 뉴스에 나오는 반면, 시골 집값은 엄청나게 폭락하거나 올라도 그 내용이 방송이나 신문에 보도되지 않습니다.

다섯째, 수도권 위주로 보도할 때가 많습니다. 우리나라는 수도권에 전 인구의 반이 거주합니다. 엄청나게 인구가 밀집되어 있지요. 그래서 언론사 입장에서는 수도권 사람을 대상으로 하는 뉴스를 보도할 때 더 높은 시청률을 기대할 수 있습니다. 더불어 언론사의 본사 대부분이 서울에 있습니다. 따라서 취재할 때도 가까이 있는 서울이나 수도권에서의 취재가 훨씬 편합니다. 그렇기 때문에 크리스마스 풍경을 보도할 때는 서울의 명동성당을 화면으로 보여주고, 구세군 관련 보도를 할 때는 종로나 강남의 자선냄비를 보여줍니다. 백화점 세일 보도를 할 때도 지방의 백화점이 아니라 서울의 백화점을 화면에 내보냅니다. 이처럼 모든 생활권의 기본을 서울을 중심으로 한 뉴스를 선택합니다.

뉴스 1면을 정하는 사람은 누구인가요? 🔍

전 세계에서 일어나는 모든 일을 뉴스로 실을 수는 없습니다. 신문사와 방송사는 가장 중요한 뉴스를 1면 머리기사나 방송 톱뉴스로 보도합니다. 이런 뉴스를 결정하는 사람은 신문사에서는 편집국장이, 방송사에서는 보도국장이 책임을 집니다. 편집국장과 보도국장은 기자 경험이 적어도 20년이 넘는 사람들로, 우리가 꼭 알아야 할 뉴스를 선별해서 보도합니다.

텔레비전과 신문의 다른 선택

뉴스는 수많은 소재 중 선택하는 패턴이 어느 정도 정해져 있습니다. 뉴스 소재로 가치가 있느냐 없느냐의 구분은 언론사에 따라 다르지만, 위의 사례는 어느 언론사나 비슷하다고 볼 수 있습니다. 그런데 텔레비전 뉴스와 신문은 조금 차이가 있습니다. 텔레비전의 경우에는 아무리 좋은 소재라도 방송에 내보낼 영상이 없으면 뉴스로 선택하지 않습니다. 반대로 사소한 것이라도 영상으로 내보낼 수 있는 것이 있으면 선택합니다. 예를 들어 3.0 규모의 지진이 발생했다고 가정해봅시다. 참고로 2019년 우리나라에서는 규모 3.0

이상의 지진이 14번 있었죠. 한 달에 한 번 이상 발생하는 지진에 대한 뉴스는 사실 뉴스 소재로 애매합니다. 그러나 선택의 기준은 상황에 따라 달라질 수 있습니다. 해당 언론사의 다른 뉴스 소재가 많으면 과감히 생략될 수 있고, 그날 전달할 뉴스 소재가 없으면 이날 있었던 지진이 뉴스에 나올 수도 있겠죠.

또 텔레비전 뉴스와 신문은 서로 다른 기준을 가지고 있습니다. 텔레비전 뉴스는 영상, 신문은 사진과 글이라는 면에서 차이가 있습니다. 그래서 위의 규모 3.0의 지진을 예로 들 때 땅이 흔들리는 영상을 확보했다면 방송으로 내보낼 확률이 높습니다. 반대로 이런 영상이 확보되지 않았다면 생략하는 것이죠. 반대로 신문의 경우엔 땅이 흔들리는 것을 글과 사진으로 표현하기 어렵습니다. 흔들린다는 것은 일정 시간을 쭉 지켜봐야 알 수 있기 때문에 사진 한 장으로는 지진을 실감하기 어렵습니다. 따라서 피해자가 발생하여 피를 흘리는 모습이 있거나 물건들이 바닥으로 떨어져서 흔적이 남지 않는 한 신문은 생략하는 경우가 많습니다.

뉴스의 선택이 우리에게 미치는 영향

지금까지 뉴스가 선택하는 특징을 알아보았습니다. 그런데 뉴스의 선택이 우리에게 주는 영향에는 무엇이 있을까요? 첫째는 특별한 것의 일반화입니다. 위에서 뉴스는 일반적인 것보다 특별한 것을 소재로 삼는다고 했습니다. 따라서 뉴스에서 나오는 소식은 평범한 것이 아닌 특별한 사건입니다. 그런데 이런 뉴스를 반복해서 보면 뉴스에서 나오는 일을 일반적인 것으로 착각할 수 있습니다. 학교 폭력 사건에 대한 뉴스가 여러 번 반복해서 나오면 학교에서는 이런 폭력 사건이 일반적으로 일어나는 것처럼 생각할 수 있습니다. 그러면 학교에 가는 것이 무섭겠죠. 또 문신을 한 폭력배 모습이 반복해서 노출되면 나중에 문신을 한 사람을 봤을 때 가장 먼저 '폭력배'가 떠오를 수 있습니다.

둘째는 유행을 따라가는 문화입니다. 위에서 뉴스는 사람의 관심을 반영한다고 하면서 스포츠의 예를 들었었죠. 야구나 축구의 경우 거의 매일 소식을 보도한다고 했습니다. 그런데 이처럼 야구나 축구 뉴스가 매일 반복해서 노출되면 좋아하지 않던 사람들도 야구나 축구에 관심을 가질 가능성이 커집니다. 새로운 상품 뉴스는 마치 '올해는 이 상품이 유행이야'라는 착각을 일으키게도 합니다. 착각으로 인해서 사람들은 점점 유행에 민감해지는 것이죠. 상품 트렌드 소식을 반복해서 듣다 보면, 결국엔 상품 구매로 이어질 확률이 높아집니다.

셋째는 중앙 집중의 사고방식에 물들어갑니다. 서울을 포함한 수도권 뉴스 보도를 반복해서 시청하면, 사람들의 기준이 서울과 수도권으로 변합니다. 이로 인해 지방은 점점 소외되고 자존감도 떨어지겠죠. 결국 사람들이 점점 수도권으로 몰려드는 원인이 되는 것입니다. 실제로 1960년에 서울과 경기도의 전체 인구는 전라도

대한민국 지역별 인구 변화

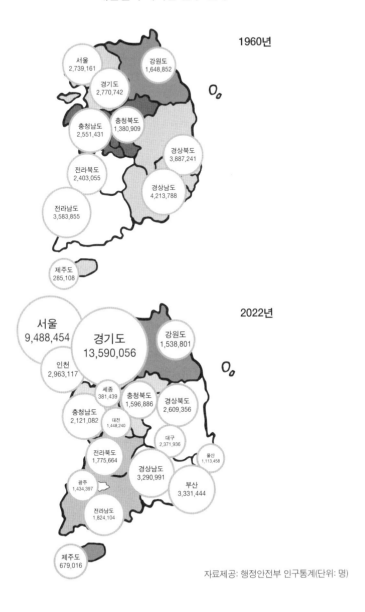

1960년

서울
2,739,161

강원도
1,648,852

경기도
2,770,742

충청남도
2,551,431

충청북도
1,380,909

경상북도
3,887,241

전라북도
2,403,055

경상남도
4,213,788

전라남도
3,583,855

제주도
285,108

2022년

서울
9,488,454

경기도
13,590,056

강원도
1,538,801

인천
2,963,117

세종
381,439

충청북도
1,596,886

경상북도
2,609,356

충청남도
2,121,082

대전
1,448,240

대구
2,371,936

전라북도
1,775,664

울산
1,113,458

광주
1,434,397

경상남도
3,290,991

부산
3,331,444

전라남도
1,824,104

제주도
679,016

자료제공: 행정안전부 인구통계(단위: 명)

나 경상도 인구보다 적었습니다. 그러나 지금은 우리나라 인구의 절반 가까이가 서울과 경기도에서 살고 있죠. 이런 원인은 바로 사람들의 의식이 수도권 중심의 사고방식에 물들어 있다는 것과 무관하지 않을 것입니다.

우리가 뉴스 선택에 대처하는 자세

뉴스가 시청률을 의식하는 것을 비난할 수만은 없습니다. 그러나 시청자로서 문제점이 덜 발생하도록 우리의 건전한 비판을 멈추어서도 안됩니다. 우리는 '홈페이지에 댓글 달기' 또는 '좀 더 나은 뉴스를 선택하기' 등의 방식으로 뉴스가 너무 막 나가지 않게 견제할 필요가 있습니다. 더불어 이런 문제점을 해결하려는 시도에 대해서 칭찬하는 방식을 통한 긍정적인 피드백을 하는 것도 좋은 방법이 될 수 있습니다.

더 중요한 것이 있습니다. 우리가 미디어를 변화시킬 수 없다면 우리 스스로가 미디어의 부작용이 발생하지 않도록 신경을 쓰는 것입니다. 이를 위해서는 미디어의 속성을 이해하는 것이 무엇보다 중요합니다. 이 책을 읽는 여러분처럼 말이죠. 그래서 뉴스를 볼 때 아무 생각 없이 보는 것이 아니라, 항상 생각하면서 비판적으로 접근해야 합니다.

뉴스에서 조직폭력배의 폭력 사건이 나왔다고 해서 우리가 사는 세상이 모두 폭력적인 것은 아니라는 생각을 해야 합니다. 국회의원의 거짓말 보도를 보면서 모든 국회의원이 다 그런 것은 아니고, 마음 따뜻하고 정의를 앞세우는 국회의원도 있다는 생각을 해야 합니다. 대기업의 제품만 볼 것이 아니라 중소기업에도 비슷한 제품은 없는지 찾아보면서 더 실용적이고 좋은 상품을 선택해야 합니다. 유행에 너무 민감하기보다 자신만의 개성을 살려서 유행을 창조하는 쪽으로 가야 합니다. 지역 방송에도 관심을 가지고, 내가 사는 지역에 대한 애향심을 가지고 내 고향 뉴스에 능동적으로 참여하는 것도 좋겠죠. 이런 비판적 뉴스 보기를 통해서 수동적인 소비자에서 능동적인 소비자로 거듭나기를 기대해봅니다.

미디어
Talk Talk

Q 미디어에서 잘못된 뉴스를 전하는 이유는 무엇인가요?

자신이 지지하는 뉴스를 통해
편향된 정보를 전달하려고 하는 목적이 있습니다.

조선일보가 성매매 기사에 조국 전 장관의 딸 사진을 그림으로 바꿔 논란이 일었습니다. 이에 조선일보는 관리에 소홀했다고 밝혔지만, 조국 전 장관은 오보를 실은 담당 기자에게 10억 원의 손해 배상 소송을 했습니다. 그런데 여기서 우리는 곰곰 생각해보아야 합니다. 조선일보는 왜 조국 전 장관의 딸의 사진을 이미지로 바꾸어 기사에도 맞지 않는 곳에 실은 걸까요?

후에 조선일보는 실수였다고 사과 기사를 내보냈습니다. 그러나 일부 사람들은 그동안 조선일보의 실수가 유독 문재인 정부 사람들에게만 일어난다며 의도적이라고 주장하고 있습니다. 2020년과 2021년 당시 문재인 대통령의 마스크 쓴 그림 이미지를 사기 사건 등의 기사에 자주 사용했었기 때문이었죠. 실제로 조선일보가 문재인 정부에 대해 부정적인 기사를 많이 내보낸 것도 이런 의심을 갖게 하는 원인입니다.

잘못 전달된 뉴스나 이미지의 문제점은 한 번 각인된 인상을 바꾸기가 쉽지 않다는 것입니다. 더구나 잘못된 뉴스를 보도할 때는 비중 있게 보도하지만 이를 정정하거나 사과할 때는 눈에 띄지 않는 곳에 아주 조그맣게 보도하기 때문에 더욱 그렇습니다. 따라서 관심을 가지고 보는 사람들이 아니면 한 번 받아들인 정보를 수정하기가 쉽지 않습니다.

언론사는 정확한 뉴스를 전할 의무가 있습니다. 그렇지 않으면 사람들은 잘못된 정보를, 올바른 정보로 오해하고 받아들일 수 있기 때문입니다.

생각하기 & 토론하기

- 뉴스 중 인기가 없음에도 불구하고 꼭 다루어야 하는 것을 5개 적어보고, 각각 그 이유를 말해보세요.

- 내가 만약 텔레비전 뉴스를 책임지는 담당자라면, 텔레비전 뉴스의 시청률을 올리기 위해 어떤 방법을 쓸 것인지 한번 말해보세요.

같은 뉴스가 보도되는 이유는 무엇인가?

03

쌍둥이처럼 완전 똑같은 기사!

한 사건에 대해서 여러 신문사가 같은 기사를 낼 때가 종종 있습니다. 그런데 신기한 것은 기사 내용의 상당 부분이 똑같다는 것입니다. 심지어 전체 기사 중 단 몇 글자만 다르고 거의 비슷한 기사도 있죠. 거기에다 그 기사에 실린 사진까지 똑같은 사례도 있습니다. 헤드라인 아래 기사 내용이 비슷한 것도 있습니다. 보는 독자 입장에서는 신기합니다. 기자들끼리 서로 마음이 통하지 않는 한 이렇듯 똑같은 문장을 쓰는 것은 쉽지 않기 때문이죠. 왜 이렇게 비슷한 기사가 만들어지는 걸까요? 이 원인은 언론의 생태계를 알면 쉽게 알 수 있습니다.

받아먹는 기사, 보도자료

뉴스는 사건이나 사고뿐만 아니라 정부의 정책, 시민단체의 주장, 기업의 신상품 등을 소개하는 것도 해야 합니다. 물론 광고를 통해서 이런 것들을 알리기도 하지만, 시민들에게 필요한 부분은 뉴스를 통해서 보도하는 것이 신뢰성 측면에서 더 큰 효율성을 갖습니다. 그런데 정부나 기업 또는 시민단체에서 직접 알려야 하는 것이 있을 때 어떻게 할까요? 방법이 있습니다. 바로 스스로 알리고 싶은 정책이나 상품 또는 주장들을 뉴스처럼 만들어 언론사에 전달하는 것입니다. 이런 것을 '보도자료'라고 합니다.

예를 들어 경기도교육청에서 보도자료를 만들었다고 가정해봅시다. 이때 경기도교육청은 관련 보도자료를 각 언론사에 보냅니다. 그런데 모든 언론사가 경기도교육청의 보도자료를 기사로 실을까요? 먼저 언론사에서는 경기도교육청에서 보낸 보도자료가 국민에게 필요한 것인지를 판단한 후 보도자료를 기반으로 기사를 내보낼 것입니다. 이때 언론사에 따라 추가적인 취재를 통해 내용을 확인하고

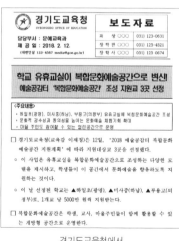

경기도교육청에서
언론사에 제공한 보도자료

보완한 후 기사를 내보내는 곳도 있고, 보도자료를 아주 일부만 수정해서 기사로 내보내는 언론사도 있습니다. 이렇듯 보도자료만을 기반으로 뉴스 기사를 만들다 보니 비슷한 뉴스가 나오는 것이죠. 보도자료를 제공하는 곳에서는 대부분 사진 자료도 같이 보냅니다. 그래서 서로 다른 언론사인데도 같은 사진이 실리는 경우가 있습니다.

추가적 취재를 거치지 않고 보도자료만 의지해서 쓰는 기사는 몇 가지 문제가 있습니다. 첫째는 한쪽 주장만 뉴스에 그대로 실릴 수 있습니다. 이는 중립을 지켜야 하는 언론이 한쪽으로 치우친 성향의 기사를 내보낼 수 있다는 것이죠. 특히 대립하는 논쟁이 있을 때 언론은 양쪽의 의견을 모두 들려줘야 합니다. 그래야 독자가 종합적으로 생각해서 객관적으로 판단하는 데 도움이 될 수 있겠죠. 한쪽에서 보도자료를 낼 때 언론은 다른 쪽의 의견도 들어봐야 합니다. 그리고 기사로 내보낼 땐 양쪽의 주장을 함께 써서 독자들이 합리적으로 판단할 수 있도록 도와야 합니다.

둘째는 보도자료의 특성으로 인해 사안의 정확한 판단이 흐려질 수 있습니다. 일반적으로 보도자료는 간결하게 쓰는 경우가 많죠. 사안을 자세하게 설명하기보다는 간단히 요약하는 경우가 많습니다. 따라서 사안에 대해 때로는 완전하게 이해하지 못하거나 오해하기도 쉽죠. 그리고 보도자료를 쓰는 사람들은 대개 비전문가가 많습니다. 이런 이유로 보도자료의 내용이 완전하지 못하거나 정책이나 사안을 잘 설명하지 못할 때가 많습니다. 이때 언론이 추가적 취재를 거치지 않는다면 내용에 대한 정확한 기사가 나오기 어려울 수 있습니다.

기자는 보도자료에 근거하여 기사를 쓸 때, 기사를 받아쓰기보다는 참고용으로 활용해야 합니다. 직접 취재를 하여 사실을 확인하고, 부족한 것은 보완하는 과정이 꼭 필요합니다. 특히 국가 정책이나 상품에 대한 보도에서는 비판적인 접근이 함께 이루어져야 합니다. 이를 통해 정책이나 제품에 따른 부작용은 없는지 그리고 효과는 있는 것인지를 꼼꼼히 따지는 것이 기자가 해야 할 멋진 역할이라 할 수 있겠죠.

뉴스 회사가 사는 뉴스

서로 다른 언론사인데 뉴스가 같은 또 하나의 이유는 뉴스 회사가 뉴스를 사기 때문입니다. 이 책을 보는 사람 중에서는 "뉴스 회사가 뉴스를 사는 게 정말인가요?"라고 반문하는 사람도 있을 겁니다. 그런데 언론사 중에는 뉴스를 돈을 받고 파는 것을 전문으로 하는 곳이 있습니다. 이런 언론사를 바로 '통신사'라고 부릅니다. 즉 통신사는 서비스 대상을 일반 국민으로 하는 것이 아니라 신문사와 방송사를 대상으로 하고 있죠. 우리나라 언론사 중에서 대표적인 통신사는 연합뉴스, 뉴시스, 뉴스1 등이 있습니다. 이들 언론사는 다른 신문사나 방송사 그리고 인터넷 뉴스 회사에 뉴스를 판매하는 대표적인 통신사입니다. 해외에도 이러한 통신사가 많이 있습니다. 우리가 뉴스를 보다 보면 끝날 무렵에 출처가 밝혀집니다. 이런 뉴스 출처의 상당수는 대개가 통신사입니다. 영국의 대표적인 통신사는 로이터입니다. 왠지 어디서 들어본 적이 있는 것 같죠? 미국에는 AP통신과 UPI통신, 프랑스에서는 AFP통신, 중국에는 신화통신이 유명하죠. 우리나라 언론사 상당수는 해외의 뉴스를 보도할 때 해외 유명 통신사에서 그 나라의 뉴스를 구입하여 보도합니다.

세계의 통신사

국가	통신사	국가	통신사
영국	로이터	러시아	이타르타스
미국	AP(미국연합통신)	일본	교도통신
	UPI	중국	신화통신
프랑스	AFP	북한	조선중앙통신

그렇다면 통신사가 필요한 이유는 무엇일까요? 첫째는 경제적 효율성 때문입니다. 언론사가 세계 곳곳에 모두 기자를 보내면 너무 많은 인건비가 듭니다. 해외 기사가 매일 중요하게 보도되는 것도 아닌데, 곳곳에 기자를 상주시키는 것은 경제적 효율성이 매우 떨어지겠죠. 또 우리나라 안에서도 마찬가지입니다. 큰 언론사는 괜찮지만 작은 언론사가 모든 지역에 기자를 배치하기가 쉽지 않습니다. 세계 여러 나라 곳곳에 기자를 상주시키는 것보다 필요할 때

그 나라의 기사를 사서 보도하는 것이 비용적으로 훨씬 적은 부담이 될 수 있겠죠. 그래서 통신사 뉴스를 사는 것입니다.

둘째, 신속한 보도를 위해서입니다. 예를 들어 인도에서 큰 사건이 벌어졌는데 그때 인도로 출발해서 기사를 쓰기에는 많은 시간이 걸립니다. 또 기자가 있더라도 인도처럼 넓은 나라의 모든 기사를 담당하기 쉽지 않습니다. 인도 내에서도 이동하는 데 10시간 넘게 걸리는 지역도 있거든요. 따라서 인도의 통신사로부터 뉴스를 사면 훨씬 빠르고 정확한 뉴스를 보도할 수 있겠죠.

실제로 통신사가 생기게 된 계기는 전쟁 때문이었습니다. 미국에서 남북전쟁이 벌어졌을 때 모든 신문사가 전쟁터에 가서 기사를 쓰는 것은 너무 위험한 일이었죠. 그래서 대표로 한 명이 가서 기사를 쓰면 그 기사를 많은 언론사에서 조금씩 보완하고 수정해서 기사로 내보냈습니다. 어떻게 보면 분업화라고 볼 수도 있겠죠. 현장에서 기사를 전문적으로 쓰는 회사와 기사를 편집해서 내보내는 회사로 구분될 수 있습니다. 그래서 일부 언론인은 "통신사는 도매회사와 같고 신문사나 방송사는 소매회사와 같다."라고 설명합니다.

통신사 뉴스를 볼 때 우리는 생각해야 할 점이 있습니다. 각 나라의 통신사는 자기 나라에 유리한 방향으로 보도하는 특성이 있기 때문이죠. 따라서 나라별로 대립하고 있을 때 어느 한쪽의 뉴스만 그대로 보도하면 기사 자체가 한편으로 치우칠 수 있습니다. 또 자기 나라의 이익을 위해서 인접한 다른 두 나라 사이가 가까워지지 않도록 긴장을 유발하는 기사를 상대국에 배포하는 사례도 있습니다. 예를 들어 대한민국과 북한의 통일을 반가워하지 않는 국가가 있다면 자국의 이익을 위해서 한국과 북한이 친해지지 않도록 유도하는 기사를 내보낼 수도 있습니다. 따라서 뉴스를 볼 때 출처를 보는 것이 중요합니다. 이와 같이 해외의 통신사 뉴스를 볼 때는 나라별 상황들을 이해하고 보는 것도 매우 중요합니다. 각국의 상황을 잘 이해하고 기사를 보면 기사가 왜 이렇게 쓰였는지 전체적인 맥락을 파악할 수 있기 때문이죠.

좋은 기사는 발로 쓴다고요?

지금까지 똑같은 뉴스가 나오는 원인을 살펴보았습니다. 똑같은 기사라고 다 나쁜 기사일까요? 그렇지는 않습니다. 독자에게 좋은 정보가 되었다면 그것만으로도 뉴스의 가치는 충분하기 때문이죠. 그러나 보도자료를 그대로 받아쓰거나 통신사의 뉴스를 그대로 올린다면 멋진 언론인이라고 할 수는 없겠죠. 아마도 '뉴스 중간 상인' 정도로 부를 수 있을 것입니다. 반복된 말이지만 올바른 기자라면 독자나 시청자를 위해서 보도자료나 통신사 뉴스의 '사실 확인'을 먼저 해야 합니다. 그리고 내용을 비판적으로 바라보고 이를 심층적으로 보완하는 자세가 필요합니다. 그래서 일부 기자는 사실 확인을 위해 현장에 직접 가기도 합니다. 갈 수 있는 상황이 아니라거나 가지 못하는 곳이라면 기사와 관련된 사람들이나 전문가에게 묻습니다. 그

외에도 다양한 자료를 통해 기사에 대한 신뢰도를 높이는 과정을 거칩니다. 기자들 사이에서는 '좋은 기사는 발로 쓰는 기사'라는 말이 유명합니다. 직접 뛰어다니고, 찾아다니면서 기사를 쓴다는 말이죠. 발로 뛴 기자를 통해 사실 확인을 거친 기사가 보완되어서 나왔을 때 독자나 시청자에게 더 좋은 뉴스로 다가갈 수 있습니다.

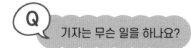

미디어 Talk Talk

Q 기자는 무슨 일을 하나요?

A 국민들에게 세상의 진실을 전하기 위해 온갖 협박과 위험 속에서 사실을 전합니다.

우리에게 뉴스를 전하는 기자는 다양한데, 그중 사회부 신문기자를 집중적으로 알아볼게요. 먼저 사회부 신문기자가 되기 위해서는 일반 회사에 취직하는 것처럼 서류 심사, 필기시험, 면접 등의 과정을 거칩니다. 이런 시험을 통과한 후에는 신문사에서 배정한 부서에서 일을 시작합니다. 먼저 사회부 신문기자가 되면 사건과 사고를 찾아 경찰서로 출근하는 경우가 종종 있습니다. 큰 사건과 사고는 경찰서에 가면 가장 먼저 알 수 있기 때문이지요. 옛날에는 출근도 하지 않고 밤새 경찰서에서 지내는 신문기자들도 많았습니다.

사회부 신문기자는 경찰서에서 기삿거리를 찾고, 사건과 관계된 것들을 추적하며, 기사를 써나갑니다. 이때 대기업이나 정치가들은 자신의 잘못을 기사로 싣지 못하게 온갖 협박을 하기도 하는데, 기자들은 국민의 알권리를 위해 보도를 감행하지요.

모든 기자는 진실을 좇는 동시에 사명감과 책임감으로 기사를 보도합니다. 좋은 기자가 되기 위해서는 많은 책을 읽고, 긴 안목으로 사회와 역사를 이해하고 바라볼 수 있는 눈을 기르는 것이 중요합니다.

 생각하기 & 토론하기

- 기자는 뉴스를 전하기 위해서 어떤 일을 할까요?
- 만약 내가 기자라면, 정부에서 공동주택 공급을 늘리려고 할 때 어떤 취재 과정을 거쳐 기사를 작성할지 생각해보세요.

뉴스에는
광고가 왜 필요할까?

04

옛 신문과 신문 배달의 추억

요즘 청소년들은 아르바이트라고 하면 편의점이나 커피숍을 먼저 떠올릴 것입니다. 그런데 옛날 만화나 영화를 보면 가난한 청소년들이 새벽에 일어나 신문 배달을 하고 아침 식사를 거른 채 학교에 가는 장면이 많았습니다. 30~40년 전에는 신문 배달과 구두닦이가 청소년의 대표적인 아르바이트였습니다.

1980년대까지 신문엔 한자가 많았습니다. 그래서 신문을 보는 것은 한자를 좀 아는 사람이 아니면 쉽지 않았습니다. 당시에는 배우지 못한 분들이 많았기 때문에 신문을 본다는 것은 꽤 배웠다는 것을 의미하기도 했습니다. 또 지금의 신문처럼 가로쓰기가 아니라

세로쓰기였고, 오른쪽에서 왼쪽으로 읽도록 배치되었습니다. 그래서 이런 것에 익숙하지 않았던 사람들은 신문을 읽기가 꽤 불편했습니다.

1988년 5월 15일 한겨레신문 창간호(자료제공: 대한민국역사박물관)

1988년 발행을 시작한 한겨레신문은 기존의 신문과 달랐습니다. 한겨레신문은 현재 신문처럼 글자가 가로 방향이었고, 왼쪽에서 오른쪽으로 읽도록 배치되었습니다. 그리고 그 당시 기사에서 상당 부분을 채웠던 한자를 없애고, 한글로만 기사를 구성합니다. 이 때문에 초기에는 신문 같지 않다면서 한겨레신문을 비판하는 사람이 매우 많았습니다. 그러나 결국 다른 신문들도 대중성을 위해서 한겨레신문을 따라 하게 되었습니다.

신문사는 무얼 먹고 살까요?

2020년 한국언론진흥재단에서 조사한 〈언론수용자 조사〉에 따르면 2010년 종이 신문 구독률은 52.6퍼센트였다고 합니다. 그러나 2020년 에는 구독률이 6.3퍼센트까지 내려갔습니다. 이제는 열 명 중 한 명 정도만 종이 신문을 이용하는 상황입니다. 실제로 요즘 가정에서 종 이 신문을 구독하는 사람은 찾기가 쉽지 않습니다. 그렇다면 신문사 는 경영이 어려워 망해야 하지 않을까요? 결과는 그렇지 않습니다. 신 문사는 오히려 그때보다 더 많아졌습니다. 구매자가 이렇게 적어졌는 데, 왜 신문사는 망하지 않았을까요? 그것은 신문의 주 수입이 신문 판 매가 아니기 때문입니다. 한국언론진흥재단에서 조사한 '2020 신문산

신문사의 수입 구조

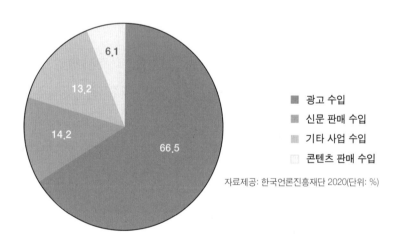

6.1

13.2

14.2

66.5

■ 광고 수입
■ 신문 판매 수입
▦ 기타 사업 수입
▢ 콘텐츠 판매 수입

자료제공: 한국언론진흥재단 2020(단위: %)

업 실태 조사'에 따르면 우리나라 일간지의 매출액 구성은 아래 표와 같습니다.

이 표에서 보면 우리나라 신문사는 광고 수입이 66.5퍼센트에 달합니다. 그리고 신문의 판매 수입은 14.2퍼센트에 머물고 있습니다. 그러니까 주 수입이 신문의 판매 수입이 아니라는 것이죠. 실제로 최근 신문의 한 달 구독 가격은 신문사마다 조금씩 편차가 있지만 약 15,000~20,000원입니다. 보통 주 5일 배달되기 때문에 한 달에 21~23번 정도 배달된다고 볼 때 신문 한 부의 가격은 대략 700~1,000원 사이라고 볼 수 있습니다.

신문의 생산원가는 신문사에서 공개를 꺼리고 있습니다. 그런데 2004년 자료에 따르면 배급소의 배달비를 포함할 때 약 23,000~24,000원이었다고 합니다. 당시만 해도 한 달 요금이 12,000원 정도였으니 원래 가격의 약 절반 정도에 판매된다는 것을 알 수 있었죠. 여러 가지 물가가 올랐음에도 불구하고 지금 요금으로 계산해도 판매 금액이 20,000원을 넘지 않으니 밑지고 판다고 볼 수 있습니다.

신문 가격만 생각하면 신문사는 신문을 원가 이하에 팔기 때문에 신문을 많이 팔수록 손해가 커지는 것이죠. 그런데도 신문사가 유지되는 것은 광고가 주 수입이기 때문입니다. 신문사는 그나마 신문 판매 수익이 있지만, 방송은 광고의 비중이 더 큽니다. 최근 콘텐츠 판매 수입이 증가하고는 있지만, 그 비중이 아주 크지 않습니다. 따라서 신문사나 방송사의 가장 큰 수입은 바로 광고라 할 수 있죠.

광고가 뉴스를 변화시키는 세 가지

언론사의 주 수입이 광고라는 점은 다음과 같은 세 가지 특징을 가지도록 합니다. 첫째, 언론사는 독자나 시청자를 늘리는 것이 가장 중요합니다. 두 가지 신문사가 있다고 가정해봅시다. 하나는 좋은 뉴스를 많이 내보내는 신문입니다. 또 하나는 많은 사람이 보는 신문입니다. 여러분이 광고주라면 어떤 신문사에 광고하겠습니까? 사람마다 차이는 있겠지만 광고효과를 생각한다면 대부분은 많은 사람이 보는 신문에 광고하기를 원할 것입니다. 왜냐하면 많은 사람이 보는 광고를 할 때 광고효과를 기대할 수 있기 때문입니다. 따라서 신문사나 방송사의 가장 중요한 목적 중 하나는 독자와 시청자를 많이 만드는 것입니다. 아무리 좋은 언론사라 하더라도 광고 수입이 적으면 회사를 유지하기 어렵습니다. 그래서 한때는 독자 수를 늘리려고 신문을 1년 구독할 때 1년 요금보다 더 비싼 자전거나 텔레비전을 경품으로 준 사례도 있었습니다.

둘째는 기업의 눈치를 많이 봅니다. 신문사에 광고를 싣는 곳이 바로 기업이기 때문입니다. 물론 정부나 공공단체에서도 광고가 있지만 가장 많은 수익은 기업에서 주는 광고입니다. 따라서 기업과 관계가 좋지 않으면 기업은 그 언론사에 광고를 주지 않겠죠. 특히 광고를 많이 주는 대기업이라면 더더욱 관계가 틀어지는 것을 원하지 않을 것입니다. 이 때문에 언론사는 대기업에 호의적인 기사들이 많습니다. 더불어 대기업의 총수 같은 높은 자리에 있는 사람에게도 호감을 베풉니다.

셋째는 신문의 구성입니다. 흔히 신문에는 기사가 더 많을 것으로 생각하는 사람이 많습니다. 그러나 실제 신문을 놓고 기사 대 광고의 비율을 보면 광고 비율이 훨씬 높습니다. 경제가 호황일 때는 광고 비율이 더 높아집니다. 신문사마다 그 비율이 다르지만, 광고 비율이 높을 때는 70퍼센트를 넘을 때도 있습니다. 그러니 우리는 기사를 보다가 잠깐씩 광고를 보는 것이 아니라, 광고를 보는 중에 기사를 보는 것인지도 모르죠.

언론사의 양심과 우리의 선택

언론의 사명 중 하나는 권력에 대한 비판과 견제 그리고 감시입니다. 21세기의 가장 큰 권력은 자본 권력이라 할 수 있습니다. 언론이 자본의 눈치에서 벗어나기 위해서는 시민의 선택이 중요합니다. 시민들이 올바른 언론, 자본 권력을 제대로 감시하고 견제하는 언론을 선택하는 것이 중요합니다. 시민이 좋은 언론을 선택할 때 언론은 본연의 역할에 충실할 수 있습니다. 왜냐하면 자본은 광고 효과를 올리기 위해 시민들이 많이 보는 언론사에 광고를 할 수밖에 없기 때문이죠. 기업과 언론사가 시민의 눈치를 볼 때 우리 사회는 더 건강하게 작동합니다. 우리가 어떤 언론을 선택하느냐가 가장 중요한 첫걸음이 될 수 있습니다.

미디어
Talk Talk

Q 분명 광고 같은데, 기사처럼 보이는 건 뭔가요?

A 언론사가 가진 신뢰의 이미지를 바탕으로
많은 사람들에게 기사처럼 정보를 전달하는 것입니다.

언론사는 뉴스와 프로그램을 통해 정보를 판매하는 비즈니스 업체지만, 그 속에는 언론사의 정보를 믿을 수 있다는 신뢰가 깔려 있다고 볼 수 있습니다. 그런데 언론사의 주 수입은 광고입니다. 그래서 언론사는 기사를 가장한 광고를 뉴스처럼 싣거나 소개하는 경우가 있습니다. 그래서 많은 사람들은 자신이 믿는 언론사에서 내보내는 광고형 기사에 깜빡 속습니다.

기사형 광고의 가장 큰 문제는 그 기사를 믿고 제품이나 상품권을 구매했다 사기를 당하는 경우입니다. 한 예로 피해자들이 한경닷컴을 상대로 손해배상 소송을 낸 적이 있는데, 법원은 언론사의 배상 책임을 인정하는 결론을 내렸습니다. 언론사가 광고 없이도 유지될 수 있다면 이런 기사는 만들어지지 않았을 것이고, 이로 인해 피해를 입는 사람도 없었을 것입니다.

분명 신문도 '기사형 광고'에 광고라고 명시한다면 독자도 충분히 판별할 수 있겠지만 많은 신문사들이 기사형 광고에 광고라고 표기하지 않습니다.

언론사가 가진 신뢰의 이미지를 바탕으로 '기사형 광고'를 싣는 것입니다. 그만큼 기사형 광고에 속지 않도록 눈을 똑바로 떠야 하는 것이지요.

생각하기 & 토론하기

- 광고를 기사처럼 만드는 이유가 무엇인지 생각해보고, 이런 광고의 장점이 무엇인지 말해보세요.

- 언론사가 감시하고 견제해야 하는 가장 큰 권력 중 하나는 대기업입니다. 그러나 언론사는 거대 기업의 광고로 재정을 유지하고 있어서 거대 기업을 비판하기 쉽지 않은 환경에 있습니다. 이것을 해결하기 위한 방법은 무엇이 있을지 말해보세요.

가짜 뉴스와의
전쟁

01
뉴스에도
가짜 뉴스가 있다고?

가짜 뉴스란 무엇일까요?

우리나라는 포털 사이트에 키워드만 넣어도 다양한 뉴스가 검색됩니다. 그런데 알고 있나요? 엄청나게 방대한 정보 속에, 가짜 뉴스가 진짜 뉴스인 척 숨어든다는 것을요. 몇몇 친구들은 가짜 뉴스가 우리에게 해를 끼치는 것도 아닌데 무슨 문제가 있냐고 생각할지도 모릅니다. 하지만 가짜 뉴스는 해를 끼칩니다. 아무 죄 없는 사람을 나쁜 사람으로 만들어버릴 수 있고, 잘못된 정보가 진실인 척 전달해 사회를 혼란에 빠트릴 수 있습니다. 실제로 2017년 20대의 한 여성은 인터넷 게임 동호회에서 알게 된 남자 고등학생과 다툼을 벌인 뒤, 남자 고등학생이 자신을 스토킹했으며 심지어 자신의 휴대전화를 빼앗아 남자친구에게 욕설이 담긴 문자를 보냈다고 게임 동호회 단체대화방에 허위 정보를 올렸습니다. 이 때문에 남자 고등학생은 많은 사람으로부터 비난을 받았고, 결국 자살로 이어졌습니다. 허위 정보 때문에 한 청소년이 죽음으로 이어진 사례였습니다.[16]

2003년 3월 미국은 이라크를 공습했습니다. 이때 침공한 이유가 이라크에 대량 살상무기가 있다는 것이었죠. 전쟁을 개시하고 미국은 20여 일만에 이라크 침공에 성공했지만 대량 살상무기는 존재하지 않았습니다. 이 때문에 인터넷에서 이라크의 진짜 대량 살상무기는 AK소총이었냐는 풍자가 유행하기도 했습니다. 의도했는지는 모르지만 이라크에 대량 살상무기가 있다는 허위 정보는 많은 국가로 하여금 미국의 이라크 침공을 용인하는 결과를 낳았습니다. 즉 허위 정보가 전쟁의 명분으로 사용되었죠.

SNS와 같은 미디어가 출현하면서 가짜 뉴스는 더 빠른 속도로 퍼집니다. 즉 미디어의 발달이 그 피해를 한층 키운 것입니다. 덕분에 우리는 올바른 판단을 내리기가 더 어려워졌지요. 게다가 가짜 뉴스의 확산으로 언론을 의심하고 비난하는 사람들이 늘어나고 있습니다. 언론에 대한 신뢰도가 낮아지면서 진짜 뉴스를 보고도 믿지 못하는 일이 발생하고 있습니다. 또 진짜 사실인지 확인을 하기 위해서 다른 뉴스를 통해 검증을 해야 하는 시간 소모를 하고 있습니다. 결국 언론의 신뢰 하락은 사회 전체적으로 낭비적인 요인이 되고 있습니다.

16. 주영민, 〈"스토킹당했다"…20대女 허위문자로 고교생 자살〉, 《뉴스1》, 2017. 7. 4.

가짜 뉴스를 그대로 믿는 사람들

2011년에 개봉된 영화 〈컨테이전〉은 2020년 전 세계를 팬데믹 상태로 몰아넣은 코로나19를 예언했다고 할 정도로 지금 상황과 매우 비슷한 상황이 펼쳐집니다. 그래서 개봉 당시인 2011년보다 2020년에 더 주목받았죠. 영화를 보면 원인을 알 수 없는 감염병이 빠르게 확산되자 수많은 가짜 뉴스가 올라오는 장면이 있습니다. 인터넷에서 영향력 있는 블로거이자 프리랜서 기자인 등장인물은 본인이 감염병에 걸렸었고, 개나리꽃 추출물을 먹어서 나았다고 홍보합니다. 원인 불명의 전염병인 만큼 그의 글은 빠르게 퍼져나가고 많은 사람이 개나리 추출물을 사기 위해 몰려듭니다. 이때 개나리 값은 천정부지로 오르게 되죠. 그러나 사실 개나리 추출물은 감염병 치료에 전혀 효과가 없었습니다. 어렵게 구한 개나리 추출물을 먹은 사람들 중엔 치료 시기를 놓쳐 죽는 사람이 등장하고, 추출물을 파는 사람들만 큰 이익을 얻게 되죠. 영화 〈컨테이전〉이 주는 경고 중 하나는 죽음의 위협을 받는 위급한 상황에서 가짜 뉴스의 피해는 진짜 죽음으로 몰고 갈 수 있다는 것이었습니다.

2020년 코로나19 상황에서도 영화 〈컨테이전〉 같은 가짜 뉴스가 많이 있었습니다. "참기름을 코에 바르면 코로나에 걸리지 않는다.", "마늘이 코로나 예방에 효과가 있다." 등 효과가 검증되지 않거나 효과가 없는 것이 진짜처럼 떠도는 가짜 뉴스들이 많이 있었습니다. 또 말라리아 치료제인 '클로로퀸'이 코로나 예방과 치료에 효과가 있다고 소문이 나자 많은 약국에서 품귀현상이 나타났습니다. 그러나 이 약은 이미 세계보건기구에서 효과가 전혀 없다고 발표한 바 있습니다. 그러나 약에 대한 가짜 뉴스들이 SNS를 타고 크게 확산되어 일부 사람들은 치료제로 믿고 '거리 두기'에 동참하지 않았습니다. 이른바 인포데믹스가 일어난 것입니다.

'인포데믹스'란 정보(Information)와 전염병(epidemics)의 합성어입니다. 정확하지 않은 정보가 SNS나 휴대전화 등을 통해 빠르게 전파되어 사생활 침해는 물론 좋지 않은 영향을 미치는 것을 말합니다. 즉 근거 없는 가짜 뉴스들이 미디어를 통해 빠르게 퍼져나가는 것을 말하는 것이죠.

언론이 만든 김정은 부활!

2020년 4월 인터넷에 가짜 뉴스가 떠돌았습니다. 그건 바로 북한의 김정은 국무위원장이 중태라는 소식이었습니다. 심지어 식물인간이 되었다거나 사망했다는 소식도 있었죠. 정부에서는 4월 26일 문재인 대통령 특보가 "김정은 국무위원장의 건강은 괜찮다."고 했으며, 청와대에서도 "특이 동향이 식별되지 않는다."고 발표했습니다. 그럼에도 불구하고 김정은 중태설, 사망설은 끊이질 않았죠. 이때 탈북자 출신의 국회의원 지성호와 태구민은 공개적으로 김정은 사망을 주장했습니다. 그 주장은 많은 사람이 김정은 사망을 더욱 확신하는 계기가 되었습니다. 그리고 김정은 사망설은 신문과 텔레비전 뉴스 소재로 이어졌습니다. 4월 20일 '데일리 NK'에서는 북한 통신원의 말을 빌려 '심혈관 수술'이라고 표현하였고, 4월 21일 CNN에서는 '수술 후 중대'로 보도되었습니다. 심지어 4월 26일 '뉴데일리'에서는 '사망'으로 기사가 나왔습니다. 2020년 한국언론진흥재단에서 조사한 바에 따르면 국내 54개 언론사에서 3,200건이 넘게 이 사건을 다루었다고 합니다. 그러나 김정일 사망설은 5월 1일 김정은 국무위원장이 20여 일 만에 공개석상에 모습을 드러내면서 하나의 해프닝으로 끝났죠.

김정은 국무위원장의 사망설 해프닝을 보면 일정한 흐름을 가지고 있습니다. 먼저 이슈가 될 만한 사건이나 현상이 발생합니다. 평소와 다른 사건 등이 생기면 누리꾼들 사이에서는 흥미 있는 이야기 소재로 활용됩니다. 그러면 이 사건에 대한 수많은 추측이 개인의 SNS에 등장하겠죠. 이 중 일부 의견이 특정 진영에서 선택되어 SNS에서 확대 재생산됩니다. 그리고 그 사건과 관련하여 전문성을 가진 사람들이 등장해 사건의 연결고리를 잘 만들어줍니다. 그러면 이 내용은 진실로 받아들여지는 것입니다. 이것이 더 확장되면 실제 언론에서도 이를 다룬 기사들이 나옵니다. 김정은 사망 보도의 사건 흐름을 정리해보면 111쪽 표와 같습니다.

김정은 사망설이 확장된 것은 4월 하순이었습니다. 이때 유튜브에서 김정은이 사망했다는 영상 뉴스가 많이 올라왔습니다. 이 보도는 대부분 우리나라 보수 진영의 SNS에서 재생산되었습니다. 심지

어 한 유튜브 방송에서는 "청와대에서 김정은이 건재하다고 한 것은 거짓말이며 트럼프로 인해서 거짓말이 들통났다."고도 했습니다.

김정은 사망설 확장에 중요한 역할을 했던 전문가는 탈북자 출신 태구민과 지성호, 그리고 전 국회의원 장성민이었습니다. 태구민은 국회의원 당선 시절인 4월 28일 미국 CNN과의 인터뷰에서 "김정은 국무위원장이 스스로 일어서거나 제대로 걷지 못하는 상태가 분명하다."고 강조해 말했습니다. 지성호 당선자 역시 5월 1일 김정은 국무위원장의 사망을 99퍼센트 확신한다고 주장하면서 사망 시점까지 구체적으로 언급하였습니다. 장성민은 23일 쿠키뉴스와 인터뷰에서 중국 내 대북소식통을 인용하면서 김정은 국무위원장의 회복이 불가능하다고 주장하였습니다. 북한 관련 전문가라고 자부한 이들의 주장에 의해 김정은 사망설은 신뢰가 더해졌습니다. 주도적인 역할을 한 언론은 '데일리 NK'와 '뉴데일리'입니다. 두 신문은 보수주의를 대변하는 인터넷 신문으로, 특히 데일리 NK는 북한 뉴스를 전문으로 하는 매체입니다. 이들 언론의 김정은 사망 보도는 많은 사람이 김정은 사망을 믿는 기폭제가 되었죠.

가짜 뉴스는 누가 왜 만들까요?

가짜 뉴스라는 용어는 2016년 미국 대통령 선거에서 도널드 트럼프 당시 공화당 후보가 자신에게 우호적이지 않은 언론들을 비판하기 위해 자주 사용하면서 널리 알려졌습니다. 사전적 의미는 '뉴스의 형태를 띠고 있지만, 실제 사실이 아닌 거짓된 뉴스'를 뜻합니다. 특정한 세력이 이득을 취하고자 의도적으로 퍼뜨리는 가짜 뉴스는 인터넷과 SNS를 이용하여 빠르게 확산됩니다. 사실관계를 가리기도 전에 무분별하게 공유가 되는 바람에 검증 자체를 무의미하게 만들어 버리지요.[17]

황용석은 2017년 가짜 뉴스에 대해서 '실제 뉴스의 형식을 정교하게 공표된 일종의 사기물 또는 선전물이나 허위 정보'라고 정의했습니다. 그리고 가짜 뉴스의 개념을 113쪽 그림으로 표현했습니다.

클레어 와들과 호세인 데라크샨은 가짜 뉴스를 잘못된 정보, 조작된 정보, 악의적 정보로 구분했습니다.[18] 잘못된 정보는 의도되지 않은 실수로 만들어진 정보를 말하죠. 이런 정보는 정보가 잘못되기는 했지만 해를 끼칠 목적으로 만든 정보는 아닙니다. 조작된 정보는 의도적으로 정보를 조작하는 것을 말합니다. 정보를 조작하는 이유는 개인이나 단체의 이익을 위하거나 해를 끼칠 목적으로 만들어지겠

17. 이학후, 〈세월호 리본 폄훼하는 이들…'가짜 뉴스'의 무서운 영향력〉, 《오마이뉴스》, 2019.
8. 24.
18. https://www.profolus.com/topics/wardle-derakhshan-framework-of-information-disorder/

죠. 사실이 아닌 정보를 만들어서 보도하는 것입니다. 마지막으로 악의적 정보는 개인이나 단체에 해를 끼칠 목적으로 현실에 있는 사실을 왜곡시킨 정보를 말합니다. 조작된 보도가 전혀 사실이 아닌 정보를 보도하는 것이라면, 악의적 보도는 원래 사실을 약간 비틀어 왜곡시키거나 아주 소수 의견을 전체 의견인 것처럼 포장하여 보도하는 것을 말합니다.

학자에 따라서 가짜 뉴스라는 말을 매우 협소하게 사용하기도 하고 넓은 개념으로도 사용하기도 합니다. 그러나 초기와는 다르게 요즘엔 가짜 뉴스라고 하면 사실을 기반으로 한 뉴스와 반대되는

가짜 뉴스와 유사 개념의 관계

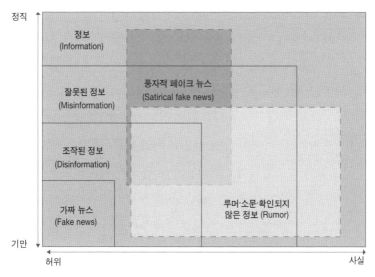

황용석·권오성, 〈가짜 뉴스의 개념화와 규제 수단에 관한 연구: 인터넷 서비스 사업자의 자율규제를 중심으로〉, 언론과 법, 2017, 68쪽 재인용

개념으로 받아들이고 있는 사람이 많아졌죠. 시간이 가면서 가짜 뉴스라는 말이 의도와는 상관없이 진실이 아닌 모든 뉴스를 가짜 뉴스라는 말로 통용되고 있습니다. 그래서 이 책 역시 가짜 뉴스를 진실이 아닌 뉴스로 간주하고 이야기를 계속해볼까 합니다.

가짜 뉴스와 진짜 뉴스의 차이

데이터 사이언스 전문가이자 카이스트 교수인 차미영은 문화 교양지 〈스켑틱 18호〉에서 가짜 뉴스와 진짜 뉴스[19]의 특징을 조사하여 3가지 패턴의 차이를 밝혔습니다.[20]

첫째는 전파 주기의 차이입니다. 진짜 뉴스나 일반 정보는 한 번 알려진 뒤 관심이 떨어지면 더 이상 전파되지 않습니다. 그래서 115쪽 '일반 정보'의 그래프처럼('Havard'는 하버드에 관련된 뉴스, 'GeorgeTiller'는 출산 직전에 다다른 태아를 낙태 시술한 조지 틸러 박사와 관련된 뉴스) 초기에는 많이 인용이 되었다가 이후로는 인용 횟수가 급격하게 감소합니다. 그러나 가짜 뉴스는 지속적으로 재생산되는 특징을 가지고 있었습니다('Catfish'는 메기와 관련된 가짜 뉴스, 'FanDeath'는 선풍기로 인한 사망 관련 가짜 뉴스). 가짜 뉴스는 어떠한

....
19. 이 책에서는 사실이거나 근거가 확실한 뉴스를 '진짜 뉴스'라고 명함
20. 차미영 교수는 카이스트 및 서울대 정교민 교수 연구진과 함께 세계 5천만 트위터 사용자가 생산한 20억 개 메시지와 20억 개 팔로우 링크를 분석하여 가짜 뉴스의 전파 특성을 밝혔다.

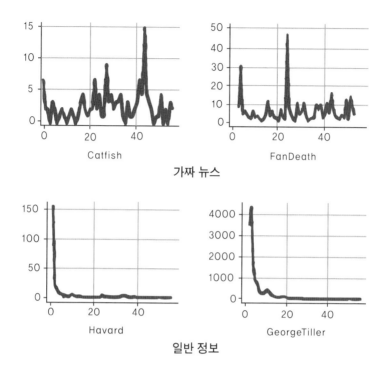

가짜 뉴스와 진짜 뉴스의 전파 주기 패턴(출처 : Kwon.S, Cha.M 2017)
가로축은 시간, 세로축은 트윗 수를 나타냄

목적을 가지고 전파하기 때문에 목적을 이룰 때까지 계속 다시 생산 된다고 합니다.

둘째는 가짜 뉴스와 진짜 뉴스의 전파 패턴의 차이입니다. 진짜 뉴스는 영향력 있는 사람에게서 일반 대중에게 확산되는 형태로 전파됩니다. 즉 116쪽 그림 오른쪽처럼 한 점에서 시작하여 많은 사람에게 확산되는 사례가 여럿 발생합니다. 유명한 사람의 경우에는 자칫 신뢰를 잃을 수 있기 때문에 근거가 없는 소문은 함부로 확산시키지 않

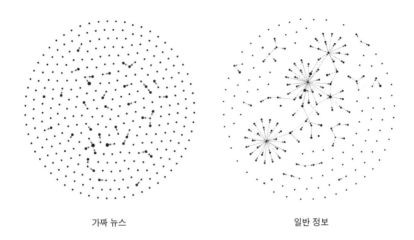

가짜 뉴스   일반 정보

가짜 뉴스와 진짜 뉴스의 전파 패턴의 차이(출처 : Kwon.S, Cha.M 2017) :
점들을 연결하는 선은 리트윗 혹은 메세지의 멘션 관계를 의미

는다는 것입니다. 그러나 가짜 뉴스는 다수의 일반 대중시키지 않는
다는 것입니다. 그러나 가짜 뉴스는 다수의 일반 대중이 소수의 사람
에게 산발적으로 뉴스를 전파합니다. 이는 개인의 SNS 등을 타고 전
파되기 때문이라 할 수 있죠. 오히려 덜 친한 사람들에게 뉴스가 퍼지
기도 합니다. 그래서 116쪽 왼쪽 그림을 보면 가짜 뉴스는 중심이 존
재하지 않고, 산발적으로 뉴스를 퍼트리는 사람 다수가 등장합니다.

셋째는 가짜 뉴스는 회피성 언어를 많이 사용한다고 합니다. 즉
'사실인지는 모르겠지만', '확실치는 않지만', '내 생각에는', '잘 기억
나진 않지만' 등의 단어들을 자주 사용합니다. 나중에 이 뉴스가 가
짜 뉴스로 판명 날지도 모르니 빠져나갈 것을 대비해 모호한 단어
를 사용하는 것입니다.

진짜 뉴스와 가짜 뉴스, 뭐가 더 빠를까요?

진짜 뉴스와 가짜 뉴스의 확산 속도 중 더 빠른 쪽은 어디일까요? 이것과 관련된 논문이 과학잡지인 〈사이언스〉[21]에 나온 적이 있었습니다. 2018년 미국 메사추세스공대(MIT) 연구팀은 트위터에서 하나의 소식이 1,500명에게 도달하는 데 걸린 시간을 측정하였습니다. 그 결과 가짜 뉴스는 10시간이, 진짜 뉴스는 60시간이 걸렸습니다. 가짜 뉴스의 확산 속도가 평균 6배 빠르다는 것을 확인한 것입니다.

확산 범위 또한 가짜 뉴스가 진짜 뉴스보다 더 광범위하게 퍼져나간다는 것을 확인했습니다. 예를 들어 가짜 뉴스의 상위 1퍼센트는 100,000명까지 확산되지만, 진짜 뉴스는 1,000명 이상 확산되

21. 소로우시 보수기가 주도한 이 연구는 〈사이언스〉 2018년 3월 9일에 소개됐다.

는 경우가 거의 없었습니다. 또 일반적으로 가짜 뉴스는 진실보다 약 35퍼센트나 더 많은 사람에게 전해진다고 합니다. 특히 뉴스 분야 중에서도 정치 관련 가짜 뉴스의 확산 속도와 확산 범위는 더욱 크다고 해요. 대통령 선거 때 가짜 정치 뉴스가 가장 많이 증가하는 이유를 알 수 있는 대목입니다.

가짜 뉴스가 진짜 뉴스보다 더 빨리 그리고 더 많이 퍼지는 이유는 무엇일까요? 사람들이 진짜 뉴스보다 가짜 뉴스가 더 참신하다고 생각하기 때문입니다. 진짜 뉴스보다 가짜 뉴스가 새로움을 느끼게 한다는 거죠. 리트윗은 '새로움'을 배가시킵니다. 사람들은 가짜 뉴스를 퍼나르면서 새로운 것을 알렸다는 만족감에 젖는 경향이 있습니다. 나아가 더 관심받을 수 있다는 애정 욕구까지 충족시킵니다. 더불어 진짜 뉴스는 기대, 슬픔, 기쁨의 감정을 갖게 하지만 가짜 뉴스는 두려움, 혐오, 놀라움 등의 감정과 연관되어 사람을 더 흥분하게 합니다. 이런 흥분들이 더 적극적으로 공유하도록 부채질한다는 것이죠.

메사추세스공대(MIT) 연구에서는 트위터 속 기사의 사실관계를 파악하였는데, 전체 트윗 중 약 3분의 2는 가짜로 판명되었으며 약 20퍼센트만이 진실이었다고 합니다. 그리고 나머지는 사실과 가짜가 뒤섞여 있었습니다. 종합하면 진실보다 거짓이 훨씬 많다는 것입니다. [22]

가짜 뉴스가 사회와 민주주의에 위협이 되는 이유는 그 확산 속도가 매우 빨라 이를 바로잡고 진실을 알리기 어렵다는 점입니다.

....
22. 곽영빈 외, 《초연결시대 인간미디어 - 문화》, 앨피, 2021, 48~49쪽

가짜 뉴스는 사회의 신뢰를 무너뜨리고, 악용되고 있으며, 이를 바탕으로 부당한 이득을 챙기는 사람이 있을 수 있습니다. 가짜 뉴스를 판별하기 위해서는 스스로 가짜 뉴스와 진짜 뉴스를 판별할 수 있는 눈을 키워야 할 것입니다.

미디어
Talk Talk

Q 가짜 뉴스를 퍼뜨리는 로봇이 있다는 게 사실인가요?

네. 놀랍게도 사실입니다. **A**

가짜 뉴스는 현대 사회의 큰 골칫거리 중 하나입니다. 그런데 이런 가짜 뉴스를 누가 퍼뜨리는지 궁금했던 학생이 있었습니다. 인디애나대학교의 쳉쳉 샤오는 친구들과 함께 가짜 뉴스가 퍼지는 패턴에 대해 추적을 했습니다. 그 결과 '소셜 봇'의 존재가 큰 역할을 한다는 것을 알게 되었습니다. 그러니까 허위 정보나 가짜 뉴스를 활발하게 퍼트리는 계정들은 대부분 사람이 아니라 로봇이었던 것입니다. 소셜 네트워크를 운영하는 봇들이 가짜 뉴스 확산에 매우 중요한 역할을 한 것이지요. 더욱 놀라운 것은 이런 봇들이 주로 팔로워가 많고, 그렇기에 영향력이 큰 사용자들을 통해 정보를 퍼뜨린다는 사실입니다. 결국 쳉쳉 샤오는 소셜 봇의 사용을 억제하면 가짜 뉴스로 인한 피해가 꽤나 줄어들 수 있다는 결론을 내렸습니다.

그런데 소셜 봇은 불법 도구가 아니며, 많은 기업이 마케팅을 위해 합법적으로 구입하고 사용하는 중입니다. 그렇기에 이를 제도적으로 불법화시키는 건 그다지 좋은 방법이 아닙니다. 한 나라나 지역에서 소셜 봇을 불법 도구로 정의한다 하더라도, 온라인 공간에는 국경이 없기 때문에 무용지물이 될 확률이 높습니다.

생각하기 & 토론하기

· 가짜 뉴스가 진짜 뉴스보다 빠르게 퍼지는 이유는 무엇일까요?

· 가짜 뉴스를 만드는 사람의 심리는 무엇인지 생각해보고 말해보세요.

소셜 미디어로 **퍼져나가는 가짜 뉴스**

SNS의 파급력

2020년 6월 2일, 소셜미디어의 하나인 미국의 소셜네트워크서비스(SNS)는 온통 검었습니다. 바로 '블랙아웃 화요일'이라는 캠페인 때문이었습니다. 첫 시작은 미국 음악계였습니다. 미국 음반사 애틀랜틱 레코드는 미국 음악 산업의 토대가 흑인 음악이었다는 사실을 기억하자는 의미에서 6월 2일 화요일 하루 동안 일상 업무를 멈추는 캠페인을 제안했습니다. 이러한 메시지는 온라인에 알려졌고 검은 바탕 이미지는 SNS를 통해 순식간에 미국 전역으로 퍼졌습니다.

사실 블랙아웃 화요일에 이처럼 많은 사람이 참여했던 이유는 따로 있었습니다. 바로 '조지 플로이드'의 사망 때문이었습니다.

　2020년 5월 25일, 미국 미네소타주에서 백인 경찰이 흑인 남성 조지 플로이드를 과잉진압하여 사망한 사건이 있었습니다. 당시 경찰은 플로이드의 사망 원인이 의료사고라고 발표했습니다. 그러나 이후 공개된 CCTV 화면 속에서 조지 플로이드가 크게 저항하지 않았는데도 경찰이 무릎으로 플로이드의 목을 세게 누르는 장면이 있었습니다. CCTV에 이어 사건 당시 근처에 있던 사람들이 스마트폰으로 찍은 영상이 SNS에 올라오기 시작했습니다. 이 영상들은 짧은 시간 동안 미국 전역으로 퍼졌습니다.

　몇 개의 영상이 SNS에 일파만파 퍼지면서 사람들은 플로이드가 흑인이었기 때문에 죽은 것이라 여겼고, 이는 백인 경찰과 흑인에 대한 갈등으로 이어졌습니다. 흑인들은 이 사건을 인종차별로 받아들였던 것입니다. 이후 많은 흑인이 거리로 나와 인종차별을 끝내

자는 시위를 벌였습니다.

당시 도널드 트럼프 대통령은 이 사건을 대수롭지 않게 여겼습니다. 그래서 자신의 트위터에 시위대를 '건달'로 표현하였죠. 그러나 트럼프 대통령의 이런 행동은 오히려 시위에 불씨를 지피는 결과를 가져왔습니다. 그러면서 시위가 미국 전역으로 번지는 계기가 되었고 많은 사람이 인종차별을 없애는 시위에 동조하는 의미로 6월 2일 '블랙아웃 화요일'에 동참했던 것입니다.

SNS, 나와 세상을 잇는 연결고리

위의 사건은 조지 플로이드가 사망한 5월 25일부터 블랙아웃 화요일이 있었던 6월 2일까지 8일 동안 벌어진 일이었습니다. 사망 시점부터 미국 전체로 시위가 이어지기까지 겨우 8일밖에 걸리지 않았던 것이죠. 이 캠페인에서 가장 큰 역할을 한 것은 바로 SNS였습니다. 만약 SNS가 아니었다면 이 짧은 기간 동안 그렇게 많은 사람이 거리로 뛰쳐나오는 일은 없었을 것입니다. 초기 경찰이 발표한 내용과는 다른 영상을 제보한 것도 SNS에서였고, 언론에 나온 영상을 삽시간에 수많은 사람에게 전달한 것도 SNS였습니다. 그리고 SNS에 올라온 영상이나 메시지를 본 사람들이 경찰의 행동에 분노하고, 거리로 나왔습니다. 만약 SNS가 존재하지 않았다면 블랙아웃 화요일의 캠페인에 대해서 많은 사람이 알지 못했을 것입니다.

SNS 덕분에 블랙아웃 화요일을 한다는 것을 알았고, 또 각자의 방식으로 SNS를 통하여 블랙아웃 화요일에 참여하고 자신의 뜻을 표현했습니다. 많은 사람이 블랙아웃 화요일에 참여하면서 결론적으로 SNS는 사람들에게 소식을 전달하는 통로, 자신의 의사를 표현할 수 있는 통로라는 사실을 증명했습니다.

SNS로 뉴스가 퍼지는 속도

그렇다면 SNS가 짧은 시간 동안 빠르고 넓게 퍼져나가는 이유는 무엇일까요? 첫째, SNS는 나를 찾아오는 맞춤형 정보이기 때문입니다. 일반적으로 방송은 텔레비전을 켜고 뉴스를 시청함으로 정보를 알 수 있습니다. 그러나 SNS는 스마트폰의 알림음이나 알림창을 통해 나에게 전달됩니다. SNS에서는 나와 친한 사람, 비슷한 생각을 가진 사람, 같은 취미를 공유하는 사람이 모입니다. 이런 이유로 SNS에서 오는 정보는 내가 관심이 있는 정보가 많습니다. 예를 들어볼까요? 유튜브 같은 경우는 빅데이터를 통해 내가 검색했거나 이전에 봤던 뉴스를 중심으로 내게 맞춤형 정보를 제공합니다. 페이스북이나 카카오톡 등에서는 나를 잘 아는 사람이 나만을 위한 한두 개의 짧은 정보를 보내줍니다. 그렇기 때문에 SNS를 통해서 오는 정보들은 내가 직접 확인할 가능성이 매우 높다는 것이죠.

둘째, SNS는 감성적이며 자극적인 콘텐츠가 가능하다는 점 때문입니다. 일반적으로 뉴스는 별로 재미가 없다고 생각합니다. 그러나 SNS는 객관적이고 중립적일 필요가 없기 때문에 자극적인 콘텐츠가 가능하죠. 게다가 SNS는 높은 조회수를 목적으로 하고 있어서 호기심을 이끄는 감성적인 콘텐츠가 많습니다. 이로 인해 SNS는 공유하기에 좋은 특성을 가지고 있는 것이죠.

셋째, 공유가 쉽기 때문입니다. SNS의 가장 큰 특징 중 하나가 정보의 공유와 나눔이죠. 클릭 두세 번이면 내가 원하는 곳 어디에나 정보를 복사해서 붙여넣기를 할 수 있습니다. 정보의 길이가 길든지 짧든지 그것은 문제가 되지 않습니다. 쉽게 복사해서 친구들에게 또는 내가 속해 있는 공동체에 내가 알고 있는 뉴스를 알릴 수 있습니다.

6단계 법칙 vs 6픽셀 법칙

지구가 매우 좁아졌다는 이야기를 많이 합니다. 특히 정보통신 기술의 발달은 지구에 있는 많은 사람의 관계를 더욱 가깝게 만듭니다. 이를 대표하는 개념이 바로 케빈 베이컨의 6단계 법칙이죠. 케빈 베이컨의 6단계 법칙은 자신과 관계가 없는 사람일지라도 사람과 사람 사이의 6단계만 거치면 세상의 모든 사람과 연결될 수 있다는 이론입니다. 케빈 베이컨은 많은 영화에 출연한 미국의 배우입니다. 케빈 베이컨이 이 이론을 만든 것이 아닌데도 '케빈 베이컨의 6단계 법칙'[23]이라는 이름이 붙은 것은 토크쇼 프로그램 때문이었습니다. 한 토크쇼에 케빈 베이컨과 대학생 3명이 출연했습니다. 이 프로그램에서 대학생들은 청중이 어떤 영화배우 이름을 말하든지 그 영화배우가 두세 단계만 거치면 케빈 베이컨과 연결된다는 것을 증명했습니다. 이 프로그램은 당시 엄청난 화제를 몰고 와서 이전에 있었던 헝가리 작가 프리기예스 카린시[24], 하버드 심리학자 스탠리 밀그램[25], 미국 극작가 존 구아레[26] 등의 6단계 법칙 이론이 재조명되는 계기를 마련했습니다. 이후 6단계 이론은 '케빈 베이컨의 6단계 법칙'으로 명명되었답니다.

6단계 법칙에 의하면, 6단계만 거치면 여러분도 우리나라 대통령은 물론이고 독일의 대통령과도 연결될 수 있다고 합니다. 정말 세상 좁죠! 만약 중간에 폭넓은 인맥을 가진 사람이 있을 때는 6단계보다 훨씬 더 줄어든 5단계나 4단계가 될 수도 있습니다. 즉, 사람들과의 관계인 인맥은 단계에 많은 영향을 미치죠.

최근에는 SNS의 발달로 인해 6단계까지 필요하지 않다는 주장도 나왔습니다. 바로 6픽셀 법칙인데, 이것은 온라인 마케팅 전문가인 미치 조엘이 제안한 법칙입니다. 미치 조엘은 《미래를 지배하는 식스 픽셀》에서 이제 6단계를 거치지 않고도 모르는 사람을 알 수 있다고 이야기합니다. 온라인으로 모든 것이 연결되어 있기 때문에

....

23. 자신과 관계가 없을지라도 6단계만 거치면 대부분의 사람과 연결될 수 있다는 법칙
24. 1926년 발표한 소설 《Chains》에서 6단계 법칙을 처음 제기
25. 하버드대학교 심리학 교수로 좁은 세상 실험에서 6단계 법칙을 검증
26. 미국의 극작가로 1990년 6단계 분리(Six Degrees of Separation)라는 연극을 통해 6단계 법칙을 소개

사람과 사람이 온라인을 통해 바로 만날 수 있다는 것이죠. 즉 SNS 같은 온라인에서는 중간 사람을 거치지 않고 개인과 개인이 직접 만날 수 있다는 것이 바로 미치 조엘의 주장입니다. 마치 여러분이 우리나라 대통령과 SNS로 친구 맺기를 하고 소통할 수 있는 것처럼 말이죠. 여러분이 친구 맺고 싶은 사람이 있으면 전 세계 누구라도 온라인을 통해 얼마든지 친구가 될 수 있습니다.

SNS에서 주의할 것

SNS는 시공간을 초월한다는 점에서 장점이 참 많은 공간입니다. 또 신분을 떠나 누구나 동등하게 소통할 수 있는 공간이라는 면에서 큰 역할을 하고 있죠. 그런데 이처럼 좋은 SNS에도 문제가 있습니다. 바로 신뢰할 수 없는 정보가 많다는 점이죠. 그렇다면 SNS에 신뢰할 수 없는 정보가 많은 이유는 무엇일까요? 이를 기존 뉴스와 비교해보면 알 수 있습니다.

기존 뉴스에서는 사건을 취재한 기자가 객관적인 정보를 담아 기사를 쓰려고 노력합니다. 물론 신문이나 텔레비전 뉴스가 아주 중립적인 자세로 객관적인 정보를 내보내기는 쉽지 않습니다. 그러나 기존 뉴스는 최소한의 시스템을 가지고 있습니다. 즉 기자가 쓴 기사를 편집부에서 사실 확인 과정을 거치고, 또 회의를 통해 한 번 더 점검한 후에 최종 기사로 내보냅니다. 이런 과정에서 여러 번의 사실 확인이

	기존 뉴스	SNS
글쓴이	기자	개인
사실 확인(팩트체크)	편집 과정에서 이루어짐	개인에 따라 다름
출처 표시	대부분 밝힌다	밝히지 않는 것도 많다

나 수정 또는 선택이 이루어지는데, 이것을 게이트 키핑이라 합니다. 이 때문에 출처가 불분명하거나 사실 확인이 되지 않는 기사는 상당 부분 걸러져서 기사로 나오지 못하는 것이죠.

그러나 SNS는 대부분 개인에 의해 정보가 작성됩니다. 누구나 SNS에 글을 작성할 수 있으며 언제 어디서나 정보를 만들 수 있다는 것이 장점이죠. 그러나 이 장점이 때로는 단점이 될 수 있습니다. 즉 SNS의 정보는 출처가 불분명하거나 잘못된 정보, 때론 없는 사실이기도 합니다. 그래서 기사의 진위 여부를 확인하기가 쉽지 않습니다. 또 사건에 대한 기록도 어느 한쪽에 치우친 경우가 많고, 내가 작성한 정보를 다른 사람이 걸러내거나 검토하는 과정도 존재하지 않습니다. 따라서 SNS는 쌍방향성과 시공간을 초월한 소통 창구라는 점에서 매우 긍정적이지만, 정보의 신뢰성 측면에서는 아쉬움을 가지고 있습니다.

미디어
Talk Talk

Q 딥페이크[27] 영상으로 전해지는 가짜 뉴스는 어떻게 판별하나요?

영상에 등장하는 인물이 거의 눈을 깜빡하지 않는다고 **A**
하면 조작된 영상으로 추측할 수 있습니다.

요즘 딥페이크 영상으로 가짜 뉴스를 생산하는 사람이 있습니다. 합성하려는 인물의 얼굴이 주로 나오는 고화질의 동영상을 딥러닝[28]하여, 대상이 되는 동영상을 프레임 단위로 합성하는 것이지요. 즉, 특정 인물의 영상에 다른 사람의 영상을 덮어씌우는 것입니다. 대부분의 딥페이크 영상은 조금만 주의를 기울이면 분간해낼 수 있습니다. 예를 들어, 영상에 등장하는 인물이 거의 눈을 깜빡하지 않는다고 하면 조작된 영상으로 추측할 수 있습니다. 이와 같은 딥페이크 영상은 만드는 데 오랜 시간이 걸립니다.

하지만 아직까지 이렇게 딥페이크로 퍼져나가는 가짜 뉴스를 막을 수

....
27. 인공지능을 기반으로 활용한 인간 이미지 합성 기술. 기존에 있던 인물의 얼굴이나, 특정한 부위를 영화의 CG처리처럼 합성한 영상편집물을 말한다.
28. 컴퓨터가 사람처럼 생각하고 배울 수 있도록 하는 기술로, 많은 데이터를 분류해서 스스로 학습할 수 있다.

있는 기술은 아직 개발되지 않았습니다. 가짜 뉴스를 만들거나 퍼뜨리는 사람을 법으로 규제할 수는 있지만, 법이 만들어지고 자리를 잡으려면 많은 시간이 필요합니다. 그래서 내가 접하는 뉴스가 가짜인지 진짜인지 스스로 판단할 수 있는 능력이 필요한 것입니다.

생각하기 & 토론하기

- 가짜 뉴스가 빠르게 퍼지는 이유는 무엇일까요?
- 6단계 법칙과 6픽셀 법칙은 모두 지구 안의 사람들이 매우 가깝다는 것을 의미합니다. 그런데 최근 스마트 미디어가 등장하면서 가까운 사람 사이에서 소통의 횟수는 증가하고 있지만, 정작 소통의 질적인 측면은 낮아졌다는 비판이 많습니다. 이에 대한 자신의 생각과 질적인 면에서 좋은 소통을 하는 방법에는 무엇이 있는지 말해보세요.

필터 버블과 확증 편향의 시대

03

보수와 진보의 갈등

우리 사회에서 진보와 보수의 간극이 점점 줄어들고 있다고 생각하나요? 아니면 점점 더 커지고 있다고 생각하나요? 커뮤니케이션 도구인 미디어가 발달하면서 사람들은 빈번하게 소통하게 되었습니다. 따라서 우리 사회는 소통을 통해서 진보와 보수의 간극이 점점 좁혀질 것처럼 보였습니다. 아무래도 소통의 기회가 더 많아졌으니까요. 그런데 최근 진보와 보수의 간극은 점점 더 심화되고 있습니다. 그 이유는 무엇일까요? 소통의 수단인 미디어가 발달하고 있는데도 진보와 보수의 간극은 왜 더 벌어지고 있을까요? 먼저 인터넷과 관련된 용어를 몇 가지 정리해 보았습니다.

인터넷 용어

- 포털: 네이버, 다음, 구글 등을 의미하며 포털 사이트라고도 한다.
- 플랫폼: 포털이나 운영체제를 기반으로 새로운 가치를 창출하는 혁신적인 서비스를 말하며, 과거 PC나 윈도우에 한정했다면 지금은 페이스북, 구글, 안드로이드, 아이스토어, 플레이 스토어, 줌 등이 모두 플랫폼이라 할 수 있다.
- 웹브라우저: 인터넷의 웹페이지를 볼 수 있게 해주는 프로그램으로 익스플로러, 크롬, 파이어폭스, 사파리 등을 말한다.
- 쿠키: 웹사이트를 접속할 때 자동적으로 만들어 저장하는 임시 파일로, 이용자가 본 내용, 아이디(ID), 비밀번호, IP 주소 등의 정보를 담고 있다.

필터 버블의 예언

미국의 엘리 프레이저[29]는 《생각 조종자들》이라는 책을 냈습니다. 엘리 프레이저는 이 책에서 '필터 버블'이라는 단어를 처음 소개했습니다. 필터 버블은 정보를 제공하는 포털업체에서 이용자에게 맞춤형 정보를 제공하는 것입니다.

혹시 친구와 함께 인터넷에 똑같은 단어를 검색했는데 그 결과가

....
29. 미국의 정치 참여 시민 단체 '무브온(MoveOn)'의 이사장

서로 다르게 나타난 경험이 있지 않았나요? 이것은 바로 필터 버블에 의해 이용자에 따라 맞춤형 정보로 결과가 나오기 때문입니다. 또 유튜브를 어느 정도 이용하면 그 뒤로는 앞서 검색해서 살펴보았던 정보와 유사한 정보가 지속적으로 나오는 것을 알 수 있습니다. 이것이 바로 필터 버블 때문입니다.

맞춤형 정보는 자신이 선호하는 정보라는 측면에서 긍정적으로 여겨질 수 있습니다. 그러나 엘리 프레이저는 이런 맞춤형 정보의 문제점을 다음과 같이 지적했습니다.

첫째, 필터를 거쳐서 나온 세상만 보게 된다는 점입니다. 이것은 세상을 한쪽만 보게 해서 온전하게 이해하는 것을 방해합니다. 세상을 전체적으로 바라보는 것이 아니라 일부분만을 보고 판단하는 오류를 범할 수 있습니다. 마치 눈먼 장님이 코끼리 다리를 만져 보고 코끼리의 모습은 기둥 같다고 말하는 것처럼요. 필터를 통해 보는 세상은 경우에 따라 비틀어진 세상일 수도 있습니다.

둘째, 공동체 의식이 취약해지는 점입니다. 필터 버블 시대에 사람들은 맞춤형 정보로 제공되는 뉴스만을 주목합니다. 이렇게 되었을 때 사람들은 사회 질서를 유지하는 데 필요한 뉴스에서 점점 멀어질 가능성이 커집니다. 민주주의 사회에서 중요한 정책이나 이슈는 공론의 장에서 함께 토론하면서 공감대가 조성된 다음에 결정해야 합니다. 그런데 보고 싶은 뉴스만 보게 되면 정책이나 이슈가 무엇인지 알지 못하게 되겠죠. 사회에서 요구되는 문제를 함께 토론하고 공감대를 형성하는 기회를 부여받지 못하는 것이죠.

셋째, 일부 여론 주도층이 플랫폼 기업의 알고리즘을 이용하여 여론 조작을 일으킬 수도 있습니다. 실제로 국내 최대 포털업체인 네이버가 검색 알고리즘을 인위적으로 바꾼 일이 있었습니다. 이에 2020년 10월 공정거래위원회는 과징금 256억 원을 부과했습니다. 이 사건은 그동안 뉴스 조작이 있을지도 모른다는 많은 의혹이 사실임을 확인시켜준 사건이었습니다. 엘리 프레이저가 말한 문제점이 우리나라에서 고스란히 현실로 드러난 사건이었죠.

필터 버블이 가져오는 확증 편향

필터 버블의 가장 큰 문제 중 하나는 바로 확증 편향을 일으킨다는 것입니다. 확증 편향이란, 자신의 가치관이나 신념에 부합하는 정보만 신뢰하는 것을 말합니다. 쉽게 이야기해서 내가 믿고 싶은 것만 사실이라고 믿고, 다른 사람의 이야기에는 귀 기울이지 않는다는 것을 말합니다. 이런 확증 편향은 필터 버블로 만들어진 에코 체임버 효과 때문에 발생합니다.

에코 체임버는 우리말로 '메아리 방' 또는 '메아리가 울리는 공간'으로 해석이 가능합니다. 에코 체임버 효과는 비슷한 성향 또는 비슷한 생각의 사람끼리 특정 주제를 가지고 반복적으로 소통하면 그 주제의 이야기가 진실인 것처럼 들리는 효과를 말합니다. 예를 들면, 축구를 좋아하는 사람들끼리 모여서 누군가 '축구가 건강에 최고인 운동'

이라고 이야기하면 다른 사람도 동의하는 말을 합니다. 이 과정이 계속 반복되면 자신도 정말 '축구가 건강에 최고'라고 생각한다는 것이죠. 한 번 이렇게 믿으면 주위에서 '농구가 건강에 최고야'라고 말해도 이 말은 무시하게 됩니다. 왜냐하면 자신의 주변에 있는 사람들이 모두 축구가 최고라고 이야기하는 것을 계속 들어왔고, 이 말이 메아리처럼 반복되었기 때문입니다. 이처럼 집단 안에서 같은 생각을 가진 사람들끼리의 정보 교환은 선택편향의 정보를 확신하게 됩니다.

인터넷 공간은 그야말로 메아리가 울리는 공간이라고 할 수 있습니다. 어떤 사이트에서 내가 'A당 폭망'이라는 콘텐츠를 발견한 뒤에 호기심이 발동해서 클릭하여 보았다고 가정해봅시다. 그러면 그 사이트에서는 내가 본 정보를 저장하고, 내가 본 것을 근거로 A당 비판에 관심 있다고 판단합니다. 그래서 그 사이트는 이후에는 A당을 비판하는 콘텐츠를 몇 개 더 보여줍니다.

이때 자극적인 제목으로 호기심을 끄는 제목들이 제시됩니다. 이후 맞춤형으로 제공된 관련 콘텐츠를 여러 개 클릭하면 그 사이트는 내가 A당을 싫어하는 것으로 분류합니다. 그리고 그 사이트에서는 A당을 비판하는 콘텐츠를 나에게 지속적으로 보여줄 것입니다. 마치 메아리처럼 반복됩니다. 문제는 이와 같이 비슷한 콘텐츠를 지속적으로 소비하면 정말 A당을 싫어하게 되는 확증 편향에 빠질 수 있는 위험성을 가지고 있다는 것이죠. 다시 말하면 처음에는 호기심으로 보기 시작했지만, 그 속에서 비슷한 콘텐츠를 계속 보게 되면 자신도 모르는 사이에 해당 콘텐츠 내용과 같은 생각을 하게 됩니다.

인터넷에 접속하는 순간 누군가 보고 있다

포털 사이트에 들어가서 뉴스를 보다가 내가 사는 지역의 광고가 나와서 당황한 적 있으신가요? 심지어 여러분이 해당 포털이나 뉴스의 사이트에 가입한 적도 없는데 말이죠. 이것은 우리가 인터넷에 들어가는 순간 모든 정보가 기록되기 때문입니다. 이런 정보는 주로 인터넷 쿠키 형태로 웹브라우저나 사이트에 저장됩니다. 인터넷 쿠키에 저장되는 항목은 생각보다 매우 많습니다. 내가 검색한 단어, 내가 머물러 있는 시간, 내가 들어간 사이트, 내가 구매한 쇼핑 물품은 물론 나의 이름, 나이, 성별, 주소, 신용카드 번호 등까지 기록되어 있습니다.

어떤 사이트는 일부 개인정보를 반드시 입력해야만 가입이 허락되는 경우가 있습니다. 쇼핑을 위해서는 집 주소, 전화번호, 신용카드 번호, 또 내가 선호하는 쇼핑 품목 등을 입력하죠. 취미를 목적으로 하는 온라인 카페나 밴드 등에 가입할 때는 취미, 지역, 관심사 등을 선택하도록 합니다. 실제 이런 쿠키들 때문에 내가 나중에 다시 방문할 때에 나에 대한 기록을 매번 입력하지 않고도 편리하게 이용할 수 있습니다.

우리가 인터넷 검색 사이트에서 하는 검색이나 유튜브 등에서 하는 검색도 마찬가지입니다. 그래서 경기도교육청을 자주 검색하면 나중에는 '경기'라는 글자만 쳐도 '경기도교육청'이라는 단어가 검색창에 자동 생성됩니다. 웹브라우저에는 이런 방식으로 수집한 개인정보가 상당량 저장되어 있고, 이것이 쌓여갈수록 더 편리하게 이용할 수 있습니다.

그러나 이러한 편리한 기능 이면에는 단점도 있습니다. 바로 나의 정보가 기록되고, 이것이 광고에 이용된다는 것입니다. 안양에 사는 사람이 보는 화면에 전주에 있는 음식점 광고가 나온다면 이 광고는 효과가 없겠죠. 그래서 안양에 사는 사람에게는 안양에 있는 음식점 광고가 나와야 합니다. 그래서 사이트에 접속했을 때 내가 사는 지역의 광고가 나올 수 있도록 광고주는 나의 정보를 활용하는 것이죠.

뉴스도 마찬가지입니다. 인터넷을 하기 위해서는 기본적으로 '크롬'이나 '익스플로러' 또는 '마이크로소프트 에지'와 같은 웹브라우저를 통해 들어가야 합니다. 그리고 그 안에서 여러 가지 자신이 원하는 사이트에 들어가 회원가입이나 나의 정보를 입력하고 난 후, 그 사이트에서 활동하죠. 우리나라에서 많이 사용하는 네이버나 다음 같은 포털 사이트도 마찬가지입니다.

그 안에는 메일, 카페, 밴드, 검색, 쇼핑 등 다양한 채널들이 있습니다. 그리고 우리가 이용하는 포털 사이트의 채널을 통해 우리의 많은 정보가 차곡차곡 쌓입니다. 이렇게 모인 정보는 개인과 기업 각각에 맞는 맞춤형 정보를 제공합니다. 예를 들어 한 개인에게는 알고리즘에 맞춘 정보를 제공하며, 포털 사이트에게는 맞춤형 광고를 통해 높은 광고 수익을 올릴 수 있도록 돕습니다. 즉, 내가 가입할 때 입력하는 모든 정보는 결국 돈이 되는 것이죠.

확증 편향을 줄이는 방법

엘리 프레이저는 필터 버블 시대에 자신의 생각을 지키기 위해서는 다음 네 가지 중요한 사항을 명심해야 한다고 이야기합니다.

첫째는 나만의 관심사를 새로운 분야로 넓혀 나가야 합니다. 필터 버블 시대에는 수동적으로 보여주는 것에만 관심을 가질 가능성이 큽니다. 따라서 개인의 노력을 통해 관심 분야를 넓혀야 합니다.

둘째는 인터넷 쿠키를 규칙적으로 삭제하는 것이 도움이 된다고 이야기합니다. 인터넷 쿠키를 규칙적으로 삭제한다고 해서 맞춤형 정보가 바로 삭제되는 것은 아닙니다. 그러나 맞춤형 정보를 줄이거나 약화하는 효과는 있다는 것이죠. 이를 통해 사이트에 접속했을 때 화면에 보이는 정보가 좀 더 다양해질 수 있습니다.

셋째는 필터의 작동 원리와 개인정보 사용처를 투명하게 공개하는 사이트를 선택하라고 이야기합니다. 업체에 따라 필터의 작동 방식과 개인정보의 사용 내역에 대해 공개하는 내용이 조금씩 다릅니다. 엘리 프레이저는 페이스북과 트위터를 비교하면서 트위터가 조금 더 공개적으로 이를 명시하고 있다고 합니다.

넷째는 필터 버블의 존재를 명확하게 인식하고 인터넷을 사용해야 한다고 이야기합니다. 여러분이 필터 버블의 존재를 명확히 인식한다면 '내가 주장하는 것이 혹 필터 버블로 인한 확증 편향은 아닐까?'라는 의심을 할 수 있다는 것이죠. 따라서 의도적으로 반대 의견이나 생각에 대한 정보도 찾아볼 수 있습니다.

필터 버블 시대에 뉴스를 보는 방법

엘리 프레이저가 필터 버블을 이야기한지도 벌써 10여 년 전입니다. 그런데 지금 엘리 프레이저가 이야기한 필터 버블이 큰 문제가 되고 있는 현실을 볼 때 그가 선견지명이 있었다고 볼 수 있겠죠. 엘리 프레이저가 제시한 방법 외에도 필터 버블 시대에 뉴스를 보는 방법은 다음과 같습니다.

첫째, 내 생각과 다른 뉴스도 찾아보는 것입니다. 이것은 의도적인 노력이 필요합니다. 왜냐하면 필터 버블 시대에 사이트 화면은 유사한 뉴스만 배열되기 때문이죠. 검색해서 찾아보는 뉴스 생활을 실천해야 합니다. 이런 노력이 없다면 여러분은 세상의 한쪽 방향만 바라보게 되어 편향된 시각을 갖게 될 수 있습니다.

둘째, 다양한 사이트의 뉴스를 찾아보고 종합적으로 판단하는 태도를 길러야 합니다. 사이트마다 뉴스 알고리즘은 조금씩 차이가 있습니다. 따라서 사이트에 따라 검색했을 때 보이는 뉴스와 추천하는 뉴스는 당연히 다를 수 있습니다. 하나의 사이트에서만 뉴스를 보기보다는 여러 개 사이트의 뉴스를 볼 때 확증 편향을 줄일 수 있습니다. 종종 플랫폼을 바꿔서 보는 것도 도움이 됩니다. 예를 들어 글로 이루어진 신문 형식의 뉴스도 있지만, 동영상 콘텐츠를 제공하는 뉴스도 있습니다. 또 사진을 중심으로 제공하는 뉴스도 있습니다. 이 중 한 가지 방식의 뉴스만 보는 것보다 다양한 플랫폼의 뉴스를 종합적으로 보는 것도 도움이 됩니다.

셋째, 맞춤형 정보를 제공하지 않도록 설정을 수정하는 것도 도움이 될 수 있습니다. 엘리 프레이저는 쿠키를 규칙적으로 삭제하라고 했지만 요즘 대부분 사이트는 쿠키뿐만 아니라 검색 기록 등을 다양하게 활용합니다. 따라서 단순하게 쿠키만 삭제했을 때는 효과가 많이 떨어집니다. 정보보안에 관심 있는 이들 중에서는 약간의 불편함을 감수하고 개인정보를 입력하지 않아도 볼 수 있는 대체 프로그램을 활용합니다. 결국 편리성을 더 추구할 것인가 아니면 개인정보 보완을 강화할 것인가에 따라 선택은 달라질 수 있을 것입니다.

정보는 노력하는 만큼 보인다

뷔페식당에서 음식을 먹을 때는 자신이 돌아다니는 만큼 맛있는 것을 골라 먹을 수 있습니다. 반대로 남이 가져다주는 음식을 기다리면 그 사람의 취향대로 먹게 됩니다. 뷔페식당에서는 내가 적극적으로 찾아다니고 노력하는 만큼 맛있는 것을 더 많이 먹을 수 있습니다. 정보도 마찬가지입니다. 남이 퍼주는 대로 먹으면 편식할 가능성이 있듯이 정보도 편하게 받아먹기만 하면 편향될 수 있습니다. 그래서 정보도 수동적인 접근보다 능동적인 접근이 중요합니다. 편식하지 않고 골고루 먹을 수 있도록 다양한 정보를 찾아보는 것이 중요합니다. 같은 사건도 시각이 다른 다양한 정보를 찾아보고 이를 통해 종합적으로 판단하는 습관을 기르는 것이 중요합니다. 세상을 균형된 시각으로 올바로 판단할 수 있는 능력을 기르는 일은 청소년기에 시작해야 합니다. 그 능력은 청소년 시절 가치관 형성에 매우 중요하기 때문입니다.

마이크로소프트를 만든 빌 게이츠의 말을 전하며 마칠까 합니다.

"움직인 만큼 귀중한 정보가 들어오고, 성공 확률도 높아진다."

미디어
Talk Talk

Q 내가 믿고 싶은 뉴스만 믿으면 안 되나요?

안 됩니다. 자신의 믿음과 반하는 것은
모두 잘못된 것으로 인식할 수 있습니다.

정보의 홍수 속에서 어떤 뉴스가 좋은 정보인지 판별하기란 쉽지 않습니다. 그렇다고 내가 믿고 싶은 뉴스만 믿으면 될까요? 그것은 한쪽으로 치우친 가치관이나 신념만을 받아들이겠다는 태도입니다. 그러니까 내가 듣고 싶지 않은 정보는 모두 무시하는 것이지요. 그렇게 지속적으로 자신이 믿고 싶은 뉴스만 받아들일 경우, 자신의 믿음과 반하는 것은 모두 잘못된 것으로 인식할 수 있습니다. 또 자신의 직감, 편견, 선입견 등으로 세상을 바라볼 수 있습니다.

뉴스는 좋은 소식과 나쁜 소식을 모두 동반합니다. 우리는 좋든 싫든 매일 뉴스를 접합니다. 논리적으로 이해하기 어렵고 납득하기 어려운 뉴스도 있지만 그 뉴스 또한 우리가 사는 세상 속에서 일어나는 일입니다. 한쪽으로 치우친 뉴스는 시대가 혼란스러울 때 더 많이 등장하고, 많은 사람을 현혹시킵니다. 코로나19가 전 세계로 퍼졌을 때도 흉흉한 소문이 다양하게 퍼졌습니다. 그렇기 때문에 우리는 미디어를 제대로 이해하고 올바르게 판단할 수 있는 안목을 키울 수 있도록 노력해야 합니다.

생각하기 & 토론하기

- 정보를 얻는 디지털 콘텐츠 사이트 중에서 가장 많은 시간을 머무르는 곳을 골라서 그 안에서 여러분에게 추천하는 콘텐츠와 반대되는 콘텐츠가 추천될 수 있도록 만들어보고, 이를 친구들과 비교해보세요.
- 확증 편향을 예방할 수 있는 방법으로 이 책에서 언급한 것 외에 또 무엇이 있는지 말해보세요.

04

가짜 뉴스라는 사실을
어떻게 밝힐까?

우리가 가짜 뉴스에 끌리는 이유

사람들이 가짜 뉴스에 관심을 가지는 이유는 무엇일까요? 그건 바로 새로움과 놀라움입니다. 예상하지 못한 현상이나 대상을 볼 때 느끼는 감정이 사람들의 주의를 끌어 확산을 부추기지요.[30] 우리는 새로움과 놀라움에서 행복을 느낀다고 합니다. 새롭고 놀라운 것을 접하는 경험은 뇌에서 도파민과 아드레날린 방출을 촉진하며, 이때 행복하다고 느낀다는 것입니다. 또한 우리는 새롭고, 놀랍고, 신기한 것을 봤을 때 더 빨리 다른 사람에게 알리고 싶어 한다고 합니다.

....
30. 백소정, 〈왜 가짜 뉴스가 더 잘 퍼지는 걸까〉, KISTI의 과학향기(제3123호), 2018. 4. 9.

가짜 뉴스의 매력은 여기에서 그치지 않습니다. 우리는 남들이 모르는 정보를 전할 때 타인으로부터 관심과 주목을 받게 됩니다. 이때 정보를 전하는 사람은 '정보 권력'을 얻게 됩니다. 그 과정에서 타인이 알지 못하는 것을 알고 있다는 점에서 지적 우위를 차지할 수 있는 동시에 사회적 지위를 갖게 된다는 것입니다. 그것이 지금도 가짜 뉴스가 매일같이 쏟아져 나오는 이유입니다.

그런데 알고 있나요? 가짜 뉴스는 우리 삶에 많은 영향을 끼친다는 것을요. 한번 생각해볼까요? 우리는 매일 인터넷으로 검색합니다. 그리고 인터넷이 주는 정보를 그대로 믿습니다. 인터넷으로 주고받는 정보에 익숙하기 때문이지요. 그래서 아무 의심 없이 가짜 뉴스에 휩쓸릴 수 있습니다. 가짜 뉴스는 자극적인 어휘나 충격적인 내용으로 우리를 현혹합니다. 그래서 뉴스를 볼 때는 그 정보가 어디에서 왔는지, 어떤 진실을 담고 있는지, 의도가 무엇인지 등을 의심하면서 살펴볼 필요가 있습니다.

가짜 뉴스를 가려내는 방법

매체가 다양해지면서 가짜 뉴스가 범람하고 있습니다. 게다가 기존 뉴스 역시 진실에 혼란을 주는 경우가 증가하고 있습니다. 그렇다고 뉴스를 멀리하기도 쉽지 않습니다. 현대 사회에서 정보 없이 살아가기란 쉽지 않기 때문이죠. 뉴스를 보지 않는다면 아마도 깊은

IFLA의 가짜 뉴스 가려내는 방법!

정보원을 살펴보세요.
뉴스 사이트의 목적이나 연락처 같은
정보들을 알아봅니다.

본문을 읽어보세요.
관심을 끌기 위해 뉴스 제목이 선동적일 수
있습니다. 뉴스의 전체 내용은 어떤가요?

저자를 확인해보세요.
저자에 대해 검색해 보세요.
믿을 만한 사람인가요? 실존 인물인가요?

근거 정보가 확실한가요?
연결된 내용도 읽어보세요. 관련 정보가 뉴스
내용을 잘 뒷받침하고 있는지 확인하세요.

날짜를 확인해보세요.
오래된 뉴스를 재탕했다면 최신 사건에
대한 적절한 뉴스가 아닙니다.

혹시 농담은 아닌가요?
뉴스가 너무 이상하다면 풍자성 글일 수
있습니다. 사이트와 저자를 믿을 수 있는지
조사해 보세요.

당신의 선입견은 아닌지 점검하세요.
당신의 믿음이 판단에 영향을 줄 수도
있다는 점을 명심하세요.

전문가에게 물어보세요.
사서에게 문의하거나 사실 확인 사이트에
질문해 보세요.

자료제공: 포럼문화와도서관

산이나 무인도에서 사회를 떠나 초연하게 사는 것과 별반 다르지 않을 것입니다. 결국, 뉴스를 통해 세상을 제대로 바라보는 방법을 아는 것이 중요합니다. 이를 위해 이번 장에서는 뉴스를 읽는 방법을 이야기해볼까 합니다.

네덜란드에 있는 국제 도서관협회 연맹(IFLA).[31]에서는 '가짜 뉴스 가려내는 방법(How to spot fake news)'을 만들어서 전 세계 언어로 무료 서비스(148쪽 그림)를 하고 있습니다. 여기에서는 8가지 방법을 제시하고 있습니다.

허핑턴 포스트에서 발표한 가짜 뉴스 기사를 알아내는 방법

1. 헤드라인을 읽지 말고 읽어라

2. 뉴스 언론사를 확인하라

3. 발행된 날과 시간을 체크하라

4. 기자가 누구인지를 확인하라

5. 기사에서 사용된 출처를 확인하라

6. 의심스러운 인용구와 사진을 주의하라

7. 확증 편향을 주의하라

8. 다른 뉴스에서 그것을 보도했는지 찾아봐라

9. 공유하기 전에 생각하라

가짜 뉴스에 관련된 내용은 언론에서도 많은 관심을 가집니다. 미국의 허핑턴 포스트에서는 2016년에 가짜 뉴스 기사를 알아내는 9가지 방법(How to recognize a fake news story, 149쪽)을 발표하였습니다.

캐나다의 디지털 미디어 그룹인 내셔널 옵저버(National Observer,

---

31. International Federation of Library Associations and Institutions : 1927년 설립된, 도서관과 정보 서비스를 제공하는 단체로 150개국의 1천 5백여 명의 회원이 가입되어 있다.

www.nationalobserver.com)는 가짜 뉴스를 발견하기 위한 5단계 가이드를 제시하였습니다.

첫째 단계는 소스를 확인하는 단계입니다. 작성자가 익숙하지 않으면 작성자와 언론사 모두 알아봐야 합니다. 둘째 단계에서는 사실 확인을 해야 합니다. 여기에서는 팩트스캔 사이트와 스놉스 사이트를 소개하며 사실을 확인할 수 있는 장소를 안내해줍니다. 셋째 단계에서는 품질을 확인해야 합니다. 콘텐츠가 지저분하거나 문법적으로 오류가 있는 경우 가짜 뉴스일 가능성이 크다고 안내합니다. 합법적인 출처는 엄격한 과정을 따르고, 편집 과정을 거치기 때문에 문법적인 오류가 적다고 합니다. 넷째 단계는 전체를 읽어보는 것입니다. 선정적인 헤드라인은 독자를 사로잡기 위해 자극적으로 만든다고 합니다. 따라서 헤드라인과 전체의 느낌이 다를 수 있다고 합니다. 또 출처가 없는 기사는 가짜일 확률이 높다고 합니다. 마지막 다섯 번째 단계는 가짜 뉴스라고 판단되면 댓글 등으로 표현하는 단계입니다. 이렇게 뉴스에 대한 사실 확인 과정을 거친다면, 가짜 뉴스의 함정에 빠지지 않을 수 있겠죠.

뉴스를 보는 노하우

해외에서도 가짜 뉴스에 대한 걱정이 매우 많은 것을 알 수 있었습니다. 사실 가짜 뉴스는 해외나 우리나라나 다 똑같은 유형입니다. 더불어 세계화와 IT 기술의 발달로 이제 전 세계인이 한 울타리 안에 있습니다. 그렇기에 해외의 가짜 뉴스를 가려내는 방법은 우리나라에서도 똑같이 적용할 수 있습니다. 위 해외 사례들은 우리가 제대로 된 세상을 이해하기 위해 가짜 뉴스와 오보 외에 기사의 특성까지 파악해야 한다는 것을 강조하고 있습니다. 뉴스에 나오는 단어를 넘어 맥락까지 읽어내야 뉴스의 본질에 더 다가갈 수 있다는 것이죠. 그래서 위의 내용에서 부족한 점을 보완하고 뉴스를 보는 방법을 다시 정리하자면 다음과 같습니다.

첫째, 뉴스가 항상 진실은 아닐 수 있다는 생각을 가져야 합니다. 뉴스가 진실이라고 믿는 순간 사람들은 아무 생각 없이 받아들이게 됩니다. 지금까지 이 책의 앞부분에서 지속적으로 이야기한 것이 뉴스가 때로는 진실을 흐리게 할 수 있다는 내용이었습니다. 뉴스는 때로 소유주, 또는 뉴스 종사자의 특성, 또는 뉴스 자체의 특성에 의해서 얼마든지 진실과 다르게 기술될 수 있습니다. 또 관점이 달라지면 진실과 다르게 보여질 수도 있습니다. 따라서 뉴스를 볼 때 항상 의심하면서 바라보는 것이 중요합니다.

둘째, 항상 출처를 보는 습관을 지녀야 합니다. 출처를 보는 습관은 두 가지 장점이 있습니다. 하나는 뉴스를 만드는 생산자에 따른 뉴스의 성향을 알 수 있습니다. 이 과정을 계속하다보면 언론사와 기자의 성향을 알 수 있습니다. 그리고 기자와 언론사를 고려해서 뉴스를 보고 판단하는 데 도움을 받을 수 있습니다. 다른 하나는 뉴스의 신뢰도를 판단할 수 있습니다. 특히 인터넷 뉴스의 경우 출처가 불분명하고, 이름 없는 뉴스가 많습니다. 따라서 뉴스만 읽고 지나가기보다 출처를 봐야 합니다. 만약 출처가 없는 경우는 사실이 아닐 수도 있겠다고 생각해야 합니다.

셋째, 다른 언론사의 같은 사건 뉴스를 보면서 종합적으로 판단하는 습관을 지녀야 합니다. 뉴스는 저마다의 관점을 가지고 보도한다고 했습니다. 따라서 하나의 사건에 대해서 여러 뉴스를 종합해서 보면 여러 관점에서 사건을 바라볼 수 있습니다. 결국 이런 관점들이 더해지면 온전한 모습을 볼 수 있게 되는 것이죠. 마치 코끼리 사진의 조각만 보면 코끼리인지 판단하기 어렵지만 조각조각들이 모이면 코끼리인지 알 수 있는 것처럼 말입니다. 이런 습관은 사건의 실체를 좀 더 정확히 볼 수 있는 능력을 키워줍니다. 이때 너무 같은 시각의 뉴스를 보는 것보다 다양한 시각의 뉴스를 보는 것이 좋습니다. 정치적인 면에서는 진보와 보수를 다양하게 보는 것이 양쪽의 시각을 같이 볼 수 있겠죠. 이를 통해 양쪽의 입장을 다양하게 살펴본 후 자신의 논리로 판단하는 것이 도움이 될 수 있습니다.

넷째, 생각하면서 꼼꼼하게 따져보는 것이 좋습니다. 특히 주장에 관련된 기사가 나왔을 때는 그에 맞는 근거가 있는지 살펴봐야 합니다. 더불어 주장과 그 근거가 연결되는지도 확인해야 합니다. 뉴스 내용을 꼼꼼하게 분석해보면 주장과 근거가 상반되는 엉뚱한 내용의 기사도 있습니다. 대립되는 주장에는 양쪽의 주장이 다 실려 있는지 확인해야 합니다. 그리고 양쪽의 주장 사이에 편향된 측면이 있는지도 생각해야 합니다. 그리고 저자가 뉴스를 작성한 이유가 무엇일까를 생각하며 맥락을 살펴봐야 합니다. 혹 어떤 이익을 얻기 위해서 쓴 것은 아닌지 의심해야 합니다. 뉴스로 인해서 이익을 거둘 수 있는 개인과 집단을 생각해보는 것은 기사의 맥락을 파악하는 데 도움이 됩니다.

다섯째 우리나라 팩트체크 사이트를 활용합니다. 우리나라에도 사실을 확인하는 사이트가 있습니다. 서울대학교 언론정보연구소에서 만든 팩트체크(http://factcheck.snu.ac.kr)에서는 지금까지 언론에서 언급한 다양한 내용의 사실 확인이 되어 있습니다. 혹 일반인이 사실 확인과 관련해서 궁금한 것이 있을 때 이를 무료로 신청할 수 있습니다. 서울대학교 언론정보연구소에서 만든 팩트페크 사이트의 '팩트체크 제안'에 들어가서 신청하면 이를 검증하여 153쪽의 6단계의 결과로 표시됩니다.

팩트체크 사이트의 검증 결과 표시

자료제공: 서울대학교 언론정보연구소

해외 뉴스와 국내 뉴스 비교하기

요즘엔 인터넷을 이용하여 뉴스를 보는 사람이 증가하고 있습니다. 인터넷의 장점은 시공간을 뛰어넘는 것입니다. 이 때문에 요즘은 국내 뉴스를 해외 언론을 이용하여 얼마든지 볼 수 있는 환경입니다. 해외 언론을 통해서 국내 뉴스를 보는 것은 몇 가지 장점이 있습니다.

첫째, 해외 시각으로 볼 수 있습니다. 국내 사건을 국내의 시선으로만 보는 것보다 해외의 시선에서 보는 것이 때로는 도움이 될 수 있습니다. 국내 뉴스의 경우 국내 언론사와 다양한 이해관계에 얽혀 있을 때가 많습니다. 반면, 해외에서는 이해관계가 자유로워 좀 더 객관적인 보도가 가능합니다. 단 국내 뉴스를 원료로 재가공하여 보도하는 뉴스가 있기에 이 부분은 조심해야 합니다. 이때는 'ㅇㅇ언론사 제공'이라는 출처가 있는지 확인해야 합니다.

둘째, 국내에서 보도되는 것 외에 더 많은 정보를 볼 수 있습니다. 특히 국내 대통령이나 유명인사가 해외에 방문했을 때 그리고 국내 문제가 해외에 영향을 미쳤을 때는 해당 국가의 기사가 더 많을 수 있습니다. 예를 들어 방탄소년단(BTS)이 빌보드 차트에 입상했을 때 미국 언론사에서 방탄소년단(BTS)을 검색하여 기사를 찾아봅니다. 또 대통령이 영국에 갔을 때는 영국 언론사에 들어가 'Korea'를 검색하여 기사를 찾아봅니다. 그러면 우리나라에서 보도되지 않은 많은 뉴스를 추가로 알 수 있습니다.

이를 위해서는 해외의 대형 언론사 홈페이지를 '즐겨찾기'로 추가해놓는 것도 좋은 방법입니다. 우리나라와 관련이 있는 대형 언론사의 주소를 즐겨찾기로 한 번만 링크해 놓으면 그 뒤로는 쉽게 이용할 수 있으니까요. 즐겨찾기로 구분이 되어 있으면 가끔 생각날 때 들어갈 수 있습니다. 이때 'Korea'를 검색하면 해외에서 보도된 우리나라에 관한 뉴스를 보는 재미를 느낄 수 있습니다.

영어에 자신 없는 친구들은 해외 뉴스라는 말에 부담을 느낄지도 모르겠습니다. 그런데 요즘은 번역 프로그램을 통해 간단히 내용을 확인할 수 있습니다. 영어를 유창하게 하지 않더라도 번역 프로그램을 이용하면 대략적인 내용을 충분히 파악할 수 있습니다. 신문뿐만 아니라 유튜브에 방송되는 뉴스도 LLY(Language Learning with Youtube) 같은 무료 프로그램을 이용하면 얼마든지 볼 수 있습니다.

뉴스는 세상을 보는 창입니다. 뉴스를 통해서 많은 정보를 얻는 것은 우리 사회의 변화와 미래를 이해하는 힘이 됩니다. 가짜 뉴스에 현혹되지 않고, 제대로 된 세상의 흐름을 읽어서 미래를 이해하는 힘을 갖는 여러분이 되기를 바랍니다.

미디어 Talk Talk

Q 사실 확인(팩트체크)로 뉴스를 제대로 가려낼 수 있을까요?

정보를 선별할 수 있는 판단 기준이 될 수 있습니다. **A**

사실 확인(팩트체크)에 대해 뉴스톱 대표 김준일은 이렇게 말했습니다.

"팩트체크란 원래 언론사에서 보도 내용이 사실에 부합하는지 미리 검증하는 과정을 말합니다. 하지만 최근 언론이나 시민단체에서 정치인 발언이나 허위 조작 정보의 진위를 가리는 독립적인 기사나 콘텐츠를 만들기도 하는데, 이를 '팩트체크저널리즘'이라고 부릅니다."

팩트체크는 이미 수십 년 전부터 미국 대통령선거 과정에서 '후보자 검증' 과정의 하나로 여겨졌습니다. 그런데 2016년 미국 대통령 선거에서 도널드 트럼프 공화당 후보가 자신에게 불리한 검증 보도를 가짜 뉴스라 부르고 맞서는 일이 벌어졌습니다.

1억 명이 넘는 트위터 팔로워들을 상대로 직접 설득에 나선 트럼프 후보에 맞서 다수의 신문과 방송, 인터넷 매체들이 적극적으로 '사실 확인 기사'를 쏟아냈습니다. 이 같은 과정은 결과적으로 팩트체크저널리즘의 세계적 확산 계기가 됐다는 평가입니다. 우리나라 역시 2017년 대선 당시 20여 개 언론이 팩트체크라는 이름을 걸고 검증 작업에 나서기도 했습니다.

그렇다면 팩트체크저널리즘은 왜 확산하고 있는 걸까요? 그건 수많은 정보가 아주 쉽게 유통되는 시대에서, 사실이 무엇인지 판정하는 역할이 필요하게 되었기 때문일 것입니다.

생각하기 & 토론하기

- 영화 〈컨테이젼〉처럼 코로나19가 발생했을 때 있었던 가짜 뉴스를 찾아보고, 의도적으로 가짜 뉴스를 만든 사람과, 그 이유를 말해보세요.

- SNS에서 접한 뉴스를 가까운 친구와 공유하고 싶어졌습니다. 친구와 공유하기 전에 먼저 확인할 것은 무엇이 있을까요?

언론이 갖는
권한과 책임

01 뉴스가 왜곡되면 어떻게 될까?

생각하고 보면, 이상한 뉴스

2007년 12월 충청남도 태안 앞바다에서 약 7만 9천 배럴의 원유가 바다로 유출되었습니다. 1배럴이 약 159리터 정도로 0.5리터 생수병으로 생각하면 약 2,500만 개 생수병의 기름이 바다로 흘러든 엄청난 사건이었습니다. 이 때문에 태안군의 양식장, 어장 등 8천여 헥타르가 기름에 오염되었습니다. 이때 유조선에서 쏟아져 나온 검은 기름으로 바닷가에 사는 수많은 생물이 죽어 갔으며, 어촌에 사는 주민들은 막대한 경제적 타격을 입었습니다. 검은 기름은 서해안의 조류를 타고 우리나라 서해안 전체는 물론 남해안까지 확산되었습니다. 결국, 태안을 비롯해 충남의 6개 지역이 특별재난지역으로 선포되기에 이르렀죠.

　이 사건은 텔레비전에서 기존 방송 프로그램을 중단하고 특별 재난 방송으로 보도할 정도로 거대한 사건이었습니다. 물론 이전에도 우리나라에는 기름 유출 사건이 몇 건 있었습니다. 1995년 7월 23일 전남 여수에서 씨프린스호가 암초에 부딪혀 약 3만2천 배럴의 원유가 유출되었죠. 이 사건은 '씨프린스호 기름 유출 사건'으로 언론에 보도되었습니다. 또 같은 해 11월에는 유조선 사파이어호가 운전 미숙으로 부두에 충돌하여 원유가 바다로 흘러나왔습니다. 이 사건도 '사파이어호 기름 유출 사건'으로 보도되었습니다.

어? 뉴스가 이상하네….
왜 제목이 서로 다른 걸까?

태안 기름 유출 사건

씨프린스호 기름 유출 사건

이들 기름 유출 사건을 보면서 그냥 지나가는 사람도 있겠지만, 뭔가 이상하다고 생각하지 않으셨나요? 같은 기름 유출 사건인데 유독 한 사건만 이름이 다릅니다. 씨프린스호나 사파이어호 기름 유출 사건을 비롯해서 보통 기름 유출 사건은 배 이름이 앞에 붙습니다. 그런데 유독 태안 기름 유출 사건은 배 이름이 아니라 '태안'이라는 지역명이 붙어 있습니다. 왜 그럴까요?

언론사에서 의도했는지는 확인할 수는 없지만, 결과적으로 그때 태안에서 수많은 원유를 쏟아붓도록 한 것은 삼성이었습니다. 삼성물산이 인천대교 공사를 마치고 삼성1호를 끌고 가는 과정에서 와이어가 끊어지면서 유조선과 충돌하여 기름이 유출되었던 것이죠. 책임이 삼성1호에 있기에 이 사고의 명칭은 기존대로 배의 이름을 따서 '삼성물산 기름 유출 사건'으로 보는 것이 맞습니다. 그러나 이 사고는 끝까지 삼성의 이름이 거론되지 않았습니다. 그 결과 많은 사람들이 태안반도에서 있었던 기름 유출 사건이 삼성과 연관되어 있다는 것을 모르는 채 사고는 시간 속에 묻혀버렸습니다.

수능 때마다 항상 나오는 뉴스

대학수학능력시험(이하 '수능'으로 표기)이 끝나고 나면 항상 보이는 뉴스가 있습니다. 바로 '재수생 강세' 기사입니다. 이 기사는 거의 매년 어김없이 볼 수 있는 기사입니다. 신기한 것은 수능 문제가 쉽든 어렵든 이 기사가 나온다는 것입니다.

이것보다 더 놀라운 일이 있습니다. 필자가 수능 감독을 끝내고 교문 밖으로 나가는데, 그날 저녁 신문 기사에서 '재수생 강세'라는 기사를 본 적이 있었습니다. 생각해보세요. 신문으로 인쇄되어 나오려면 적어도 몇 시간 전에 인쇄를 해야 합니다. 그리고 그 전에 기사로 써야 하고요. 중간에 편집회의도 하고, 수능 문제 분석도 해야 합니다. 그러려면 최소한 몇 시간이 필요한데 도대체 언제 이런 과정을 다 거쳐서 수능이 끝나고 돌아가는 길에 '재수생 강세'라는 기사가 나온 것일까요? 더구나 수능 문제는 시험이 끝나야 공개되는 것인데요. 설마 문제가 유출된 것도 아닐 테고요.

기사를 잘 읽어 보면 이해할 수 없는 것이 또 있었습니다. 첫째는 재수생 강세의 근거가 대부분 재수학원 종사자들의 말을 인용한 것이 많았습니다. 재수학원에 있는 분들은 당연히 재수생이 유리하다고 해야 많은 학생이 재수를 선택하겠죠. 그리고 재수를 해야 학생들이 학원에 들어올 것이고요. 즉 재수학원 종사자들은 인터뷰를 실으면 안 되는 이익 관계자에 해당합니다. 더구나 2019년까지는 재수생들이 많이 보는 정시가 계속 줄어들고 있던 때였습니다. 따라서 재수를 하면 오히려 정시 문이 좁아져서 재수생에게 불리한 상황이었죠.

둘째로 그 근거가 불분명하다는 것이었습니다. 어떤 해는 문항이 어려워서 재수생이 유리하다고 이야기하고, 또 어떤 해는 문항이 쉬워서 분별력이 없기에 재수생이 유리하다고 이야기합니다. 도대체 어떻게 출제해야 재수생이 불리한 것일까요? 그리고 왜 매년 '재수생 강세' 기사가 나오는 것일까요?

　이것은 뉴스를 내보내는 언론사와 학원의 관계를 생각하면 알아채기 쉽습니다. 신문사 광고 중 12월부터 2월 사이 주요 고객이 바로 재수학원입니다. 재수학원은 보통 12월부터 2월까지 새 학기 재수생을 유치하기 위한 광고를 많이 합니다. 만약 학생들이 재수를 선택하지 않는다고 가정해보세요. 등록하는 학생이 적어지면 재수학원은 문을 닫게 될 것이고, 이는 신문사 광고 비용이 하락하는 결과로 이어집니다. 따라서 신문사 입장에서는 재수생이 늘어 재수학원 운영이 잘되길 바랄 것입니다. 그래야 재수학원이 다음에 또 신문사에 광고를 할 테니까요. 그래서 신문사는 학원 종사자의 말을 인용하여 '재수를 하면 좋은 대학에 갈 수 있다'는 환상을 심어주는 기사를 싣는 것이죠. 결과적으로 재수학원과 신문사 모두에게 긍정적인 결과를 가져옵니다.

대학 입학 제도를 바라보는 뉴스의 시선

최근 대학 입학 제도는 수시가 점점 늘어나고 정시 비중이 줄어드는 추세였습니다. 2002년 28.8퍼센트였던 수시는 2022년에는 수시가 전체 모집의 75.7퍼센트를 차지할 정도로 늘었습니다. 이렇게 수시의 비중이 높아지는 이유는 4차 산업혁명 시대를 대비하여 창의력, 봉사 정신, 인성 등을 갖춘 인재를 뽑으려고 하기 때문입니다. 실제로 대학에서 수시를 늘린 데에는 수많은 대학별 연구에서 정시로 들어온 학생보다 수시로 들어온 학생의 성적이 대학에서 월등하게 좋았다는 결과가 있기 때문이었습니다. 그래서 상당수 고등학교가 정시보다 수시 준비 체제로 변화하기 시작했죠. 일부 학교는 고등학교 3학년 때도 수능 준비보다 수시를 위한 다양한 행사들을 진행하였습니다. 심지어 필자가 있던 고등학교에서는 고등학교 3학년 학생 중 정시를 준비하는 학생이 아예 없었던 해도 있었죠.

그러던 중 2017년부터 2018년 사이 갑자기 학생부 종합 전형(이하 '학종'이라 함)을 포함한 수시 제도에 대한 비판이 증가했습니다. 특히 수시 전형 중 가장 많은 비율로 증가하던 학종에 대한 비판이 주를 이루었습니다. 학종은 부모의 경제적 지위에 따른 가정 배경이 중요한 영향을 미친다는 것이 핵심이었습니다. 즉 부자 부모를 둔 학생에게 유리한 전형이라는 것이었죠. 시간이 흐르면서 학종은 금수저 전형이라는 말이 나왔고, '학종 = 금수저 전형'이라는 공식이 종종 언급됐고, 여러 언론에서는 학종을 비판하는 말로 자주 사용되었습니다.

당시 이런 기사는 진보와 보수를 넘어서 거의 모든 신문사와 방송사를 가리지 않고 나왔습니다. 언론사의 주장은 학종을 비롯한 수시 전형은 금수저 전형이라 강남을 비롯하여 부자들에게 유리한 전형이니 수능을 위주로 한 정시 비중을 늘려야 한다는 것이었습니다. 이런 보도가 계속 나오다 보니 시민들도 이에 동조하는 사람들이 점점 많아졌습니다. 실제로 이런 보도의 영향으로 서울 주요 대학의 수능 비중을 2022년부터 40퍼센트로 늘리겠다는 발표를 했습니다. 그런데 학종을 비롯한 수시 모집은 과연 부자에게 유리한 전형이고, 일반인들에게는 불리한 전형일까요?

캔자스대학교 김창환 교수는 부모의 소득을 비롯한 가족 배경이 학종보다 논술과 수능에서 더 큰 영향을 발휘한다는 것을 확인했습니다.[32] 김창환 교수는 우리나라 2009~2013년까지 '가족 배경이 전형별로 상위권 대학 진학에 미치는 영향'을 조사했습니다. 상위 20퍼센트 계층과 하위 20퍼센트 계층 간 우리나라 13개 대학 진학 확률 격차를 조사한 결과 논술에서는 19.2퍼센트, 정시 전형에서는 8.4퍼센트, 학종을 비롯한 내신 위주에서는 4.8퍼센트의 차이로 나타났습니다. 그러니까 세 가지 전형 중에서 내신 위주의 전형이 가족 배경의 영향이 가장 적다는 것이었습니다. 결과적으로 학종이 가정 배경에 영향을 미친다는 말은 전혀 틀린 이야기는 아니지만, 상대적으로 지금의 입시 제도에서 가정 배경에 가장 적은 영향을 받는 전형인 것이죠. 따라서 금수저 논란은 논술과 정시를 가지고 보도해야 더 맞는 뉴스가 됩니다.

실제로 김병욱 의원의 자료[33]에 따르면 서울대 정시 비율이 증가했을 때는 서울 강남과 자사고 학생의 비중이 평년보다 더 증가했다고 합니다. 우리 사회에서 강남에 살고 있거나 자사고에 다니는 학생은 비교적 잘사는 가정에 속합니다. 따라서 우리는 김병욱 의

....

32. 김창환, 〈입시 제도에서 나타나는 적응의 법칙과 엘리트 대학 진학의 공정성〉, 한국사회학, 2020, 35~83쪽
33. 김병욱, 최근 5년간 서울대 정시 비율 변화에 따른 입학생 현황

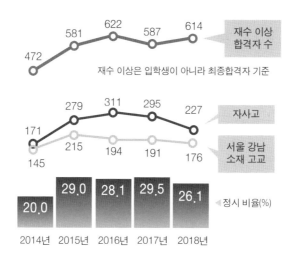

2014~2018년 서울대 정시 비율 변화에 따른 입학생 현황

622
581   587   614
재수 이상
합격자 수
472
재수 이상은 입학생이 아니라 최종합격자 기준

279   311   295
자사고
227
171
215   194   191   서울 강남
소재 고교
145   176

20.0   29.0   28.1   29.5   26.1   ◀ 정시 비율(%)

2014년 2015년 2016년 2017년 2018년

자료제공: 더불어민주당 김병욱 의원(단위: 명)

원의 자료를 통해 정시가 확대될 경우 부자에게 더 유리할 수 있다고 추정할 수 있습니다. 2019년 여영국 국회의원에 따르면, 2017년부터 2019년까지 서울대 입학생 중에서 정시 합격자가 수시 합격자보다 강남을 비롯한 부자 동네에서 더 많이 나왔다는 조사 결과도 있습니다. 이뿐만 아니라 2021년 서울대 정시 비율에서도 여전히 자사고의 비율이 높은 편입니다. 이처럼 정시가 수시보다 가정배경의 영향을 더 많이 받는다는 연구는 많습니다. 위의 내용을 종합하면 언론사에서 주장하는 것은 '부자 부모의 자녀가 유리하면 안 되니까 더 유리한 정시로 바꾸자'라고 이야기하는 것과 같습니

다. 이게 말이 되는 주장인가요?

그러면 왜 수시보다 정시가 더 부자에게 유리한데도 언론은 수시를 지속적으로 비난할까요? 이에 대하여 정시가 특목고나 자사고 그리고 학원가가 밀집된 강남 등 부자 동네에서 유리하다는 수많은 연구 결과가 이를 뒷받침할 수 있을 것입니다. 더불어 정시가 확대되었을 때 학원을 중심으로 하는 사교육이 더 커지는 것도 중요한 원인이 될 수 있을 것입니다.

생각하고 보면 보이는 것들

지금까지 우리는 진실을 왜곡시키는 세 가지 언론 보도의 사례를 살펴보았습니다. 만약 "뉴스는 항상 신뢰할 만하다."라고 생각했던 사람에게는 자칫 실망스러운 결과일 수 있습니다. 그렇다고 해서 뉴스가 거짓말을 대놓고 하는 것은 아닙니다. 앞선 결과들을 보면 몇 가지 패턴이 있습니다. 살짝 각도를 다르게 바꾼다든지, 아니면 일부의 이야기를 이용하여 한쪽만 바라보게 하는 방법을 사용합니다. 따라서 뉴스를 볼 때 다음과 같은 것에 주의하면서 살펴보면 진실에 접근할 수 있습니다.

첫째, 특이한 점을 찾는 것입니다. 기존의 방법과 다른 방식을 사용했는지 살펴봅니다. 첫 번째 사례처럼 기존에는 기름 유출 사건 때 항상 배 이름을 썼는데 이번에는 왜 배 이름을 안 쓰고 지역명을 썼을까 하고 의구심을 가져야 합니다.

둘째, 주장에 대한 근거가 확실한지를 살펴야 합니다. 두 번째 사례처럼 수능 시험이 끝난지 한 시간이 채 지나지 않았는데 어떻게 시험 문제를 검토해서 벌써 기사로 나올 수 있었는지 논리적으로 따져 보아야 합니다. 재수생 강세에 대한 근거가 나올 수 없는 상황이니까요.

셋째, 주장에 대한 양쪽의 의견이 있는지를 살펴야 합니다. 세 번째 사례처럼 '학종이 금수저다'라는 논란은 '정시가 금수저'라는 의견과 충돌했습니다. 그런데 언론은 한쪽 의견만 충실하게 반영하여 기사를 채웠습니다. 따라서 양쪽 주장이 있을 때는 꼭 양쪽의 의견을 다 들어보는 노력이 필요합니다. 아울러 양쪽 의견을 함께 내보낸 언론의 기사를 선택한다면 더 좋겠죠.

보는 각도에 따라 진실이 달라지듯 언론이 항상 투명한 것은 아닙니다. 앞에서 언급했던 것처럼 뉴스가 보여주려고 하는 창의 색깔과 형태에 따라 다르게 전달되기 때문입니다. 그래서 어떤 사람은 "투명하지 않은 언론이라면 아예 보지 않는 것이 나은 것 아닌가?"라고 말합니다. 그러나 오히려 언론이 투명하지 않기 때문에 뉴스를 볼 때 생각하면서 볼 수 있도록 해준다는 장점도 있습니다. 어떤 면에서 우리의 사고를 키워주는 교육적인 역할을 하는 셈이죠.

'뉴스 바르게 보기'를 통해서 뉴스가 직접 말하는 것과 숨겨진 이면을 찾아낼 수 있어야 합니다. 그래야만 더 큰 세상을 보는 큰 사람으로 성장할 수 있습니다.

미디어
Talk Talk

Q 상반된 보도를 접할 때 어떤 정보가 맞는 것인지 헷갈려요?

정보를 어떻게 해석하는지에 따라 달라질 수 있습니다. **A**

여름철마다 자주 접하는 기사가 있습니다. 바로 전력 사용량 급증에 따른 블랙아웃(대규모 정전 사태)을 우려하는 기사입니다. 해가 갈수록 이상고온이 증가함에 따라 폭염이 자주 발생하고, 이 때문에 에어컨 구매량도 많아지고 있습니다. 2019년 중앙일보와 조선일보는 블랙아웃 기사를 상반되게 보도했습니다. 먼저 중앙일보는 '정부의 수요예측이 실패해 올여름 전력이 남아돈다'[34]는 내용의 기사를 냈는데, 이틀 뒤 조선일보는 '예비 전력 수급 위기, 우려된다'[35]는 정반대의 기사를 냈습니다. 이틀 차이로 전혀 다른 기사가 게재되니, 해당 기사를 접한 사람들은 혼란스러울 수밖에 없었습니다.

....
34. 김기환, 〈올 전력 예비율 최대 40%…수요예측 실패 남아도는 전기〉, 《중앙일보》, 2019. 8. 12.
35. 안준호, 〈문제 없다더니…전력 예비율 6.7%까지 떨어져〉, 《조선비즈》, 2019. 8. 14.

전력이라는 것은 특징상 너무 많은 전기를 생산해도 안 되고 너무 적게 생산해도 안 됩니다. 아직 엄청난 대용량의 배터리가 없기 때문에 너무 많이 생산했다가 사용을 안 하면 버려야 하고, 부족하면 블랙아웃이 되는 엄청난 사태를 불러올 수 있습니다. 따라서 수요를 예측해서 적당하게 에너지를 생산하는 것이 중요합니다. 결국 두 신문사 모두 정부의 발전소 정책을 비판하는 기사를 낸 것입니다.

결과적으로 2019년에는 전력 사용에 큰 문제가 없었던 해였습니다. 사실 우리나라 전력 적정 예비율은 20퍼센트입니다(제8차 전력수급기본계획, 2017). 그리고 블랙아웃을 예방하기 위한 위기관리 매뉴얼에서 밝힌 자료에 의하면 550만키로와트 이상은 정상으로 간주합니다. 실제 2019년에는 블랙아웃은커녕 위기 단계도 발생하지 않았고, 적정 수준을 크게 넘는 일도 없었습니다. KBS 〈똑똑팩톡〉에 의하면 중앙일보는 발전 설비 예비량과 공급 예비량을 구별하지 않고 기사를 써서 문제가 되었고, 조선일보는 전력공급의 안정 수준은 550만키로와트가 기준인데도 공급 예비력의 비율을 근거로 들었습니다. 둘 다 잘못된 근거로 기사를 쓴 것입니다. 때로는 언론사도 근거를 아주 잘못들 수도 있다는 것을 꼭 알아두어야겠죠.

생각하기 & 토론하기

- 신문을 읽을 때 헤드라인을 가리고 기사 먼저 본 후, 헤드라인을 한번 만들어보세요. 그리고 내가 만든 헤드라인과 실제 헤드라인을 비교해보세요.
- 조선일보, 중앙일보, 동아일보에서 우리나라 대기업을 비난하는 기사가 있는지 찾아보고, 다른 신문과 비교할 때 이런 비율이 많은지 비교해보세요.

옐로저널리즘의
등장

02

미국 언론인이 받고 싶은 상, 퓰리처상

로버트 루이스 스티븐슨이 1886년에 쓴 소설 《지킬 박사와 하이드》는 인간의 이중인격을 다룬 소설입니다. 이 소설은 후에 영화와 뮤지컬로 만들어져 엄청난 인기를 거두었습니다. 소설 속 주인공인 지킬 박사는 약물을 통해서 자신의 선과 악을 분리하는데 성공합니다. 그래서 낮에는 선한 신사 '지킬'로 살고, 밤에는 악한 '하이드'로 악행을 저지릅니다. 그러나 지킬은 이에 만족하지 못하고 약물을 계속 주입합니다. 그래서 지킬의 모습은 점점 줄어들고 하이드로 변하는 시간이 늘어납니다. 그러다가 결국 선한 지킬의 모습에서 악한 하이드로 변해버리고 맙니다.

갑자기 지킬 박사 이야기를 꺼낸 것은 언론의 역사에서도 가장 유명한 사람 퓰리처[36]를 이야기하기 위해서입니다. 퓰리처를 들어본 적이 있다면, 아마도 퓰리처상 때문일 것입니다. 퓰리처상은 미국의 모든 언론인이 가장 받고 싶어 하는 매우 권위 있는 상으로, 매년 4월 미국 콜롬비아대학교 퓰리처상 위원회에서 직전 해에 나온 작품 중 추천받은 후보작을 대상으로 저널리즘 14개 부문, 문학·음악 7개 부문 등 총 21개 부문에서 수상작을 발표합니다. 미국 사람 또는 미국 신문사에 근무하는 사람에게만 준다는 한계가 있지만, 언론의 노벨상과 같은 위상을 가지고 있습니다. 그 퓰리처상이 바로 퓰리처의 유산으로 1917년부터 시작되었습니다. 특히 퓰리처상 중에서 사진 분야는 전 세계를 돌며 전시회를 열 정도로 매우 인기가 많습니다.

우리나라에서도 2019년, 2020년에 전시회가 있었는데 매우 성황이었죠. 퓰리처상은 언론인으로서 투철한 사명감을 가질 수 있도록 해주는 매우 의미 있는 상입니다. 그래서 퓰리처란 인물에 대해 매우 긍정적인 이미지를 심어주고 있죠. 그런데 퓰리처는 또 다른 얼굴이 있습니다. 그는 평소 '신문은 옳은 것과 그른 것을 가르치는 도덕 교사'라고 믿은 반면 '재미없는 신문은 죄악'이라는 신념을 가지고 있었습니다.[37] 언론에서 부정적인 것으로 인식되는 '옐로저널

---

36. 조셉 퓰리처는 1847년에 헝가리에서 태어나 미국으로 이주하여 뉴욕월드라는 신문사를 만들었다.
37. 최희영, 〈전쟁과 황색 저널리즘 ② 황색 저널리즘 원로는 퓰리처〉, 《아시아경제》, 2017. 9. 17.

리즘'을 만든 사람이 바로 퓰리처입니다.

옐로저널리즘의 탄생

옐로저널리즘은 우리나라에서 '황색저널리즘'이라고도 합니다. 독자의 시선을 끌기 위해 쓰인 저속하고 자극적이며 선정적인 내용의 기사를 말합니다. 퓰리처의 《뉴욕월드》는 허스트[38]의 《뉴욕저널》과 라이벌 관계에 있었습니다. 퓰리처는 허스트와 경쟁에서 이기기 위해 신문 속에 만화와 사진, 그리고 스포츠 기사를 많이 넣었습니다. 더불어 자극적이고 선정적인 내용도 많이 포함하였죠. 이때 인기를 얻었던 선정적인 만화 중에 '호건 앨리'가 있었습니다. 여기에서 나

《뉴욕월드》의 옐로 키드(자료제공: 위키미디어)

....
38. 퓰리처와 함께 똑같이 옐로저널리즘의 기수이자 신문왕으로 불렸다.

오는 주인공이 바로 노란 옷을 입은 '옐로 키드'였죠. 이 만화가 계기가 되어 그 이후 선정적이고 자극적인 기사를 옐로저널리즘이라 부르게 되었습니다.

우리가 흔히 보는 뉴스에서도 이런 옐로저널리즘 사례는 매우 많습니다. 스마트폰으로 뉴스를 보는 요즘엔 제목을 자극적으로 다는 사례가 많아졌죠. 사람들이 뉴스의 제목을 보고 그 뉴스 내용을 클릭할 것인지 결정하기 때문입니다. 그래서 사람들의 클릭을 유도하기 위해서 자극적인 내용으로 제목을 답니다. 예를 들어 연예인의 짧은 의상을 이야기할 때 '하의 실종'이라는 단어를 사용하여 마치 하의를 안 입은 것처럼 생각하게 합니다. 또 사실 확인이 되지 않은 사건을 한쪽의 주장을 일방적으로 실어서 제목을 다는 사례도 있습니다. 예를 들어 '누가 ~라고 하더라' 같은 형식의 제목입니다. 사실 이런 제목의 기사를 내보내기 전에 기자는 사실을 확인해보고, 사실이 확인되었을 때 보도해야 합니다. 그런데 인용부호를 사용하여 자신은 책임이 없다는 식으로 보도하는 것도 기자로서 올바른 태도는 아니죠. 이 외에도 살인사건이나 자살, 폭력, 강간 등 매우 자극적인 사건이 뉴스 소재로 등장하는 것도 옐로저널리즘의 한 예입니다.

옐로저널리즘이 일으킨 전쟁

옐로저널리즘이 뭐가 문제냐고 생각할 수도 있습니다. 그냥 뉴스

클릭해서 보고 나면 끝이 아니냐고 생각할 수 있습니다. 그러나 퓰리처와 허스트의 옐로저널리즘 대결 결과는 끔찍했습니다. 바로 전쟁으로까지 이어졌으니까요. 1898년 스페인의 식민지인 쿠바에서 미국의 메인호가 폭발했습니다. 이 사건 직후 스페인은 폭발 원인을 찾기 위해 국제 재판에 회부하자고 제안합니다. 이때 허스트의 《뉴욕저널》은 사건의 원인이 명확하게 규명되지 않았음에도 스페인이 메인호를 폭발시킨 것처럼 보도합니다. 그리고 스페인과 전쟁을 해야 한다고 주장합니다.

《뉴욕저널》의 '단순 사고가 아니다'의 왜곡 기사

이러한 보도는 결국 미국 국민의 가슴에 스페인에 대한 적대감을 심어주었고, 이로 인해 1898년 4월 20일 전쟁이 선포되고 5월 1일부터 본격적인 전쟁이 시작되었습니다. 옐로저널리즘이 주는 부정적인 면은 바로 사실을 왜곡시키는 데 있습니다. 어떤 사건이 벌어지게 된 원인과 영향을 냉철하게 분석하기보다는 자극적인 결과에 초점을 맞춥니다. 《뉴욕저널》의 경우 스페인이 메인호를 공격했다는 근거가 없었습니다. 그럼에도 불구하고 스페인이 침공하여 메인호를 폭발시킨 것처럼 보도하였죠.

둘째로 옐로저널리즘은 사실의 본질을 감춥니다. 예를 들어 살인 사건이 일어났을 경우, 살인이 일어난 원인보다는 살인 결과 자체에 초점을 둡니다. 일부 신문은 살인 과정을 자세하게 묘사하는 뉴스도 있죠. 결국 원인 분석이나 예방법 등은 묻히게 됩니다. 국회에서 여당과 야당의 폭력사건도 마찬가지입니다. 어떤 법안 때문에 그런 일이 일어났는지 법안에 대한 자세한 설명 없이 싸움에 대한 비난 뉴스만 보게 됩니다. 이 결과 국민은 법안의 장단점이 무엇인지 제대로 생각할 기회를 제공받지 못하는 것이죠.

셋째, 사람들의 감각을 점점 무감각해지게 만듭니다. 옐로저널리

잠깐만! 쉬어가는 뉴스

대한 뉴스 🔍

1945년부터 1994년까지 극장에 가면 영화를 시작하기 전에 항상 대한뉴스를 보여줬습니다. 이때는 영화 시작 전엔 반드시 정부에서 만든 대한뉴스를 의무적으로 상영하도록 했었기 때문이죠. 이 뉴스는 일주일 단위로 매번 바뀌었습니다. 일주일에 영화를 세 번 보는 사람은 이 뉴스를 세 번이나 어쩔 수 없이 봐야 했죠. 초기에는 텔레비전이 없어서 국내 사람들에게 소식을 전할 필요가 있어서 생겼지만, 이후에는 정권의 홍보 수단으로 활용되었습니다. 박정희나 전두환의 군사 쿠데타를 찬양하고, 광주 민주화운동 당시 시민을 폭도라 일컬어 많은 비난을 받았었죠.

같은 뉴스는 지겨워!

즘은 자극적인 단어 사용이 많습니다. 그리고 사람을 흥분시키는 내용이 많습니다. 이런 기사를 반복적으로 보면 점점 무감각해지거나 세상을 부정적으로 보기 쉽습니다.

넷째, 자극적인 보도는 보는 사람들을 흥분하게 하여 그 화살이 특정인을 향하게 하는 사례도 있습니다. 특히 온라인 뉴스의 경우 댓글로 인한 피해 사례가 많습니다. 자극적 기사에 분노한 네티즌들은 댓글을 과격하게 달아서 또 다른 피해자를 만들었죠.

옐로저널리즘에 대처하는 자세

옐로저널리즘의 생산자는 언론사이지만 소비자는 바로 우리입니다. 우리가 자극적이고 선정적인 뉴스를 보지 않으면 언론사도 이런 뉴스를 만들 이유가 없습니다. 따라서 옐로저널리즘을 대처하는 가장 효율적인 방법은 우리가 그런 뉴스를 소비하지 않는 것입니다.

자극적이고 선정적인 제목을 클릭하지 않거나, 무심코 본 뉴스가 사건의 본질을 다루지 않고 자극적인 내용으로 채워져 있다면 비판적인 댓글을 다는 것도 하나의 방법이 되겠죠. 그러나 비판적인 댓글을 올리는 것보다 더 효과적인 방법이 있습니다. 뭐냐하면 좋은 기사에 긍정적인 피드백을 주는 것입니다. 기자에게 좋은 기사 고맙다는 메일이나 긍정적인 댓글을 쓰는 것입니다. 이런 작은 행동이 기자들에게 더 좋은 기사를 쓰도록 만드는 계기가 될 수 있습니다. 그냥 뉴스를 단순하게 소비하고 마는 것이 아니라 적극적인 소비자가 되는 것도 미래를 긍정적으로 만들어나가는 소중한 힘이 될 수 있습니다. 좋은 기사를 보고 긍정의 피드백을 주는 것! 작은 실천 하나가 우리의 언론을 바꾸는 힘이 될 수 있습니다.

미디어 Talk Talk

 Q 옐로저널리즘의 문제가 뭐예요?

선정적인 기사로 사람을 현혹하고, 잘못된 판단을 내리게 합니다. **A**

옐로저널리즘은 독자를 끌어들이기 위해 선정적이고 비도덕적인 기사를 과도하게 취재하고 보도하는 경향을 말합니다. 이 과정에서 선정적인 사진을 싣거나 호기심을 자극하는 기사 제목을 붙여 기사를 만들어냅니다. 그런데 이런 기사들은 생각보다 넘쳐납니다. 인터넷과 모바일의 발달로 종이 신문은 점점 쇠퇴하고 있고, 우후죽순 생겨나는 언론사들로 인해 콘텐츠도 다양해졌습니다. 그 속에서 살아남기 위해서 뉴스는 점점 선정성에 매몰되는 것이지요. 또한 확인되지 않은 증권가 소식이나 SNS에서 떠도는 이야기를 사실처럼 기사로 작성하는 경우도 있습니다. 이럴 경우 기사의 사실 왜곡과 오보의 위험성이 커집니다.

언론의 가장 기본적인 기능은 사실 전달입니다. 옐로저널리즘이 확산되고 방치된다면 어느 순간 정보의 객관성을 보전할 수 없는 사회가 됩니다. 그렇다면 우리 사회는 혼란스럽겠지요. 언론사가 언론사답게 국민에게 제대로 된 정보를 전할 수 있기를 기대해봅니다.

생각하기 & 토론하기

- 신문 뉴스와 영상 뉴스에서 각각 옐로저널리즘의 예를 들어 보고, 이 뉴스로 인한 부정적인 영향을 말해보세요.

- 영상 뉴스에는 영상 자체나 헤드라인 등에서 선정적인 콘텐츠들이 많이 있습니다. 특히 호기 심을 유발하는 자극적인 제목을 넣어서 독자들의 클릭을 유도하는 사례가 있습니다. 이런 영상을 줄여나가기 위해서 우리가 할 수 있는 일들은 무엇이 있는지 말해보세요.

03

언론의 중립은
정말 옳은 것일까?

제논과 역설

기원전 5세기경 그리스에 제논이라는 철학자가 있었습니다. 제논은 변증법의 창시자이자 역설가로 유명했었죠. 즉 말이 되지 않는 것을 논리적으로 설명해서 듣는 사람을 혼란스럽게 했습니다. 물론 지금은 제논의 역설을 모두 반박할 수 있지만, 당시만 해도 제대로 반박하는 사람이 많지 않았습니다. 설명을 듣다 보면 말이 안 되는 것 같으면서도 묘하게 설득당했기 때문입니다. 제논의 역설 중 하나를 소개해볼까요?

　제논의 역설로 소개된 것이 많이 있지만, 여기에서는 '1+1=3'이라는 주장을 소개하겠습니다. '1+1'은 분명 '2'입니다. 이것은 초등학생만 되어도 명확하게 알고 있는 사실이죠. 그런데 제논은 1+1이 2가 아니라 3이라고 주장했습니다. 정말 말이 안 되죠? 그럼 제논이 왜 1+1이 3이라고 했는지 그 설명을 같이 한 번 살펴볼까요?

a=b라고 가정을 할 때, 2a-a = 2b-b이다.

여기에서 '-a'와 '2b'를 반대쪽으로 넘기면 2a-2b=a-b이다.

여기에서 왼쪽의 2를 앞으로 묶으면 2(a-b)=(a-b)이다.

여기에서 양쪽의 (a-b)를 약분하면 2=1이다.

여기에서 양쪽에 1을 더하면 3 = 1+1이다.

뭐가 틀렸는지 알겠나요? 몇몇 친구는 위 공식의 오류를 찾아냈을 수도 있습니다. 바로 a-b가 0이기 때문에 위에서 양쪽의 a-b를 약분할 수 없다는 것을 알 수 있습니다. 그러나 자세히 생각하지 않고 듣는다면 그냥 넘어가기 쉬운 부분이죠. 그래서 당시에는 제논의 설명을 듣고, 사람들은 분명히 아니라고 생각하면서도 쉽게 반박하지 못했습니다.

제논의 역설을 자세히 관찰하면 중간에 틀린 부분이 있습니다. 그러나 비판적으로 생각하면서 듣지 않으면 제논의 함정에 빠질 수 있습니다. 뉴스도 이와 같습니다. 뉴스를 보도하는 미디어가 많아지면서 황당한 뉴스가 많이 나오고 있는데요. 때로는 제논의 역설처럼 결론을 미리 정해놓고 근거들을 짜 맞춘 뉴스도 있고, 반대로 어떤 사건을 보여주면서 결론을 전혀 다르게 연결하는 사례도 있습니다. 또 애매하게 보도해서 진실을 왜곡시키는 뉴스도 있습니다. 따라서 우리가 비판적으로 생각하면서 뉴스를 보지 않는다면 가짜 뉴스에 속을 수밖에 없습니다.

언론의 중립성, 양비론과 양시론

언론의 중립성을 표방하는 대표적인 예로 양비론과 양시론을 말합니다. 양비론은 둘 다 나쁘거나 틀렸다는 이야기입니다.

《이솝우화》 중 아버지와 아들의 여행 이야기가 양비론의 가장 대표적인 예이죠. 이 이야기는 어떤 선택을 하더라도 결국 모두 비난

양비론: 《이솝우화》의 나귀와 부자 이야기

두 부자가 나귀와 여행하며 함께 걸어가고 있었습니다. 이들을 본 사람들은 "타고 다니는 나귀를 타지 않고 바보처럼 끌고 다니다니!"라며 비웃었습니다. 이 소리를 들은 아버지가 아들을 나귀 등에 태웠습니다. 그러자 이번에는 사람들이 "저런 불효자식 같으니라고, 나이 든 아버지를 걷게 하다니." 라며 아들을 비난했습니다. 이번에는 아버지가 나귀를 타고 아들이 나귀를 끌었습니다. 그러자 사람들은 "무정한 사람 같으니라고, 나이 어린 아들을 걷게 하다니." 라고 아버지를 비난했습니다. 할 수 없이 아버지와 아들이 함께 나귀에 올라탔습니다. 그러자 사람들은 "두 사람이 힘없는 나귀에 올라타다니, 나귀가 불쌍해."라며 두 사람을 비난했습니다. 결국 부자는 나귀를 나무에 묶어서 어깨에 메고 갔습니다.

을 받는 이야기입니다.

양시론은 둘 다 옳거나 둘 다 맞다는 이야기입니다. 상대방이 예쁠 때 그 사람이 하는 것은 모두가 긍정적으로 보이고, 그때 양시론적 태도를 보입니다. 또는 선택을 못 하거나 해당 분야에 대해 잘 모르는 사람이 양시론적인 태도를 보이죠. 물론 정답이 없는 상황에서 양시론이 옳을 때도 있습니다.

양시론: 황희 정승 이야기

황희 정승의 집에서 일하는 하인 둘이 손님 맞을 준비를 하다가 말싸움이 벌어졌습니다. 결국, 하인들은 황희 정승을 찾아가 누가 옳은지 물었습니다. 먼저 한 하인이 말했습니다. "손님이 오시면 배가 고프니 음식부터 장만해야죠?" 이 말에 황희 정승은 "네 말이 옳구나."라고 대답했습니다. 그러자 두 번째 하인이 황희 정승에게 말했습니다. "손님이 오시는데 집 안이 어지러우면 예의가 아니니, 집 안 청소부터 해야 하는 거 아닌가요?" 이 말을 들은 황희 정승은 "네 말도 옳구나."라고 대답했습니다. 이때 옆에서 지켜보던 부인이 말했습니다. "한쪽이 옳으면 다른 쪽이 그른 법인데, 이 말도 옳다고 하고, 저 말도 옳다고 하시니, 대체 어느 쪽이 옳다는 말이십니까?" 그러자 황희 정승은 "듣고 보니 부인 말도 옳소!"라고 했습니다.

언론의 양비론

언론에서 가장 많이 양비론을 사용하는 경우는 국회 관련 뉴스입니다. 국회에서 싸우는 모습을 보여주면서 여야를 동시에 비판하는 것이죠. '손바닥도 마주쳐야 소리가 난다'는 말이 있듯이 싸움은 양쪽 모두에게 책임이 있다는 뜻입니다. 그러나 싸우는 것이 무조건 나쁜 것일까요?

때론 당당하게 싸우는 것이 좋을 때가 있습니다. 예를 들어 일제 강점기의 독립운동을 나쁘다고 할 수 없는 것처럼 말입니다. 독립운동을 하는 사람이 싸우지 않았다면 지금의 우리 역사는 달라졌을지도 모릅니다. 또 만약 1980년대 민주화운동이 없었다면 대한민국에 지금의 민주주의는 없었을 것입니다. 당시에 군사 권력에 맞서 싸웠던 이들 덕분에 지금 우리는 자유민주주의를 누리고 있습니다. 따라서 싸우는 사실 자체만으로 무조건 비판하는 것은 바른 뉴스라 할 수 없습니다. 결과적으로 이런 뉴스는 두 가지 면에서 부정적인 영향을 미치기 때문입니다.

첫째, 정치에 대한 무관심을 가져옵니다. 국회에서 정치인들의 싸우는 장면이 반복해서 노출되면 사람들은 정치인을 불신하게 됩니다. 2022년 대선을 앞두고 각 정당마다 대통령 후보를 정하기까지 서로 흠집을 내며 다툽니다. 이런 모습은 많은 사람들이 정치에 불신하게 만들고 곧 정치에 대한 무관심으로 이어지게 합니다. 정치는 한 나라의 법을 만드는 행위입니다. 이는 게임의 규칙을 바꾸는 것과 같습니다. 게임에서 규칙은 승자를 바꿀 수 있는 매우 중요한 문제입니다. 마찬가지로 어떤 법이 만들어지느냐에 따라 이는 곧 국가와 국민에게 많은 영향을 미칩니다. 실제로 국민이 정치에

무관심하면, 특정 소수 집단을 위해 국민 이익에 반대되는 법안도 마음대로 제정할 수 있습니다. 따라서 많은 국민이 정치에 큰 관심을 가지고 지켜봐야 합니다.

한 예를 들어 설명해 보겠습니다. 전 세계인이 열광하는 축제 중 하나로 월드컵이 있습니다. 이때는 방송사 대부분이 축구 경기로 채워지고, 삼삼오오 모여 응원을 하지요. 그래서 전 국민의 관심이 축구에 집중되어 있습니다. 마치 다른 뉴스는 전혀 존재하지 않는 것처럼 말이지요. 이 시기를 틈타 국회의원들은 국민들이 반대하는 법이나 제도 등을 몰래 통과시키기도 합니다. 왜냐하면 국민 모두 축구에 흠뻑 빠져 있어서 국민 여론을 무시하고 진행할 수 있기 때문입니다.

둘째, 의로운 싸움을 하는 사람들이 힘을 잃게 됩니다. 개혁에는 항상 기득권의 저항이 뒤따릅니다. 대화와 타협만으로 모든 개혁을 할 수는 없습니다. 때로는 기득권의 저항을 무릅쓰고 싸워야 할 때가 있습니다. 이때 저항이 두려워 싸움을 포기한다면 개혁은 이루어지지 않을 것입니다. 양비론적인 뉴스는 의로운 싸움을 하는 사람들이 힘을 잃고 포기하게 만듭니다.

이 때문에 뉴스에서 싸우는 장면을 부각시켜 둘 다 비난하는 것은 옳은 태도가 아닙니다. 왜 싸우는지에 대한 이유를 자세히 설명하고, 양쪽 주장의 근거와 영향 등을 시청자에게 알려줘야 합니다. 시청자들은 무조건 싸운다고 비난할 것이 아니라 누가 의로운 싸움을 하는지 생각해보고, 더 의로운 싸움을 하는 쪽에 응원을 보내야겠죠.

언론의 양시론

뉴스에서 사용하는 양시론은 먼저 생각해볼 점이 있습니다. 명확한 진실이 존재할 때와 서로의 주장이 대립될 때를 구분해야 합니다. 주장으로 서로 대립할 때 뉴스는 양시론적 관점을 사용합니다. 즉 A와 B가 팽팽하게 싸울 때 뉴스는 양쪽의 입장을 모두 설명하되, 반드시 주장에 대한 근거를 내보내야 합니다. 그러나 사실이 명확해지거나 한쪽의 근거가 부실할 때에는 양시론적 입장을 피해야 합니다. 왜냐하면 기계적인 언론의 중립이 진실을 흐리게 하는 원인이 될 수도 있기 때문입니다.

언론은 사실 확인과 주장하는 근거 자체에 신뢰성이 있는지 확인하는 책임이 있습니다. 그러나 때로는 사실 확인을 독자의 책임으로 돌리는 사례가 있습니다. 리 매킨타이어[39]는 《포스트트루스》에서 기후변화와 관련된 13,950편의 논문 중 인간 활동이 기후변화와 관련 없다는 내용은 겨우 0.13퍼센트에 불과하며, 미국 성인 중 기후변화가 인간 활동 때문이라고 생각하는 사람은 27퍼센트밖에 안 된다고 합니다. 리 매킨타이어는 이 원인을 언론 때문이라고 말합니다. 언론이 항상 양쪽의 주장을 비슷한 비율로 보도해서 사람들에게 혼란을 준다고 이야기합니다. 사실 인간의 활동이 기후변화에 영향을 주고 있다는 많은 실험 결과가 있는데도 말입니다.

....
39. 미국의 철학자이자 보스턴대학교의 '철학과 과학사 센터' 연구원

그러나 미국석유협회는 전문가에게 거액을 주고 인간 활동이 기후변화에 영향이 없다는 논문을 쓰도록 유도합니다. 그리고 그 내용을 언론에 활발하게 알립니다. 인간 활동이 기후변화에 영향을 미친다는 논문이 99퍼센트가 넘어도 이 내용은 잘 홍보되지 않는 반면, 인간 활동이 기후변화에 영향을 미치지 않는다는 0.13퍼센트의 논문은 미국석유협회에서 많은 돈을 써서 반복적으로 미디어에 노출시킵니다. 이 때문에 사람들은 어떤 것이 진실인지 혼란스러워지지요.

비슷한 사례는 또 있습니다. 담배와 건강에 관한 내용인데요. 담배가 건강에 해롭다는 것은 누구나 아는 사실입니다. 그런데도 미국의 담배산업연구위원회는 담배가 암을 유발하는 직접적인 증거가 없다는 광고를 대대적으로 보도합니다. 이 광고 때문에 많은 사람은 어떤 것이 진실인지 혼란을 겪습니다.

결국 이 논쟁은 재판으로 이어져 40여 년을 끌어오다가 담배회사의 패소로 결정이 났지만, 그 사이 담배회사는 징벌적 배상금을 뛰어넘는 엄청난 이익을 거두었습니다.

인간 활동과 기후변화, 담배와 건강에 관련된 문제의 1차 책임은 경제적 이익을 위해 사실을 위조한 기업에 있습니다. 그러나 또 하나의 책임은 언론에 있습니다. 언론이 진실을 확인하려는 과정 없이 기계적인 중립 태도를 취했기 때문이죠. 결국, 기계적 중립을 택한 양시론적 태도가 국민들에게 혼란을 주어 진실에서 멀어지게 만들었습니다.

언론의 딜레마와 사실 확인

언론의 사실 확인은 반드시 거쳐야 하는 필수 조건입니다. 그러나 때로 언론사는 자신에게 수익을 주는 기업의 입장을 외면하기 어렵습니다. 이것이 언론사의 딜레마입니다. 여기에서 언론사가 양심을 택하느냐 사명감을 택하느냐에 따라 선택은 완전히 달라질 수 있습니다. 즉 진실을 따를지 언론사의 수입을 늘릴지 결정해야 한다는 말이죠. 진실을 위해 언론사의 양심만 기대할 수는 없습니다. 결국 언론을 소비하는 우리가 직접 사실 확인을 할 수밖에 없습니다.

지금까지 언론에서 소개된 이야기가 진실이 아닐 수도 있다는 것을 우리는 경험으로 알 수 있었습니다. 오늘 우리가 보는 뉴스 역시 사실이 아닐 수도 있습니다. 따라서 근거가 확실한지 확인하고, 논리가 맞는지 확인해야 합니다. 이런 과정을 통해 항상 사실을 확인하는 습관을 지녀야 합니다. 그래야 우리는 점점 더 진실에 다가갈 수 있으니까요.

미디어
Talk Talk

Q 언론은 중립을 지킬 수 있나요?

완전한 중립은 불가능합니다. **A**

우리는 언론이 중립을 지켜야 한다고 생각합니다. 하지만 친구 둘이 싸워도 누구의 편에서 바라보느냐에 따라 잘잘못을 따지게 되는데, 커다란 사건을 중립을 지키면서 전하기란 쉽지 않습니다. 왜냐하면 뉴스를 취재하는 기자가 사람이기 때문입니다. 취재를 하는 과정에서 중립을 지키려고 하지만 특정 시간에 발생한 사건을 선택적으로 보도하기 때문에 누군가의 시선이 개입할 수밖에 없습니다. 또한 관점에 따라 기사의 방향이 달라지기도 합니다.

정치에 관한 뉴스를 전할 때는 더욱 심해집니다. 언론사 또한 여러 사람이 일하는 기업입니다. 기업의 논리가 배제되고 보도될 수 없습니다. 기업의 이익을 우선시하는 기사를 선택할 수밖에 없는 것입니다. 게다가 우리나라 언론사는 광고에 기댄 수익 창출이기 때문에 편향된 선택을 할 수밖에 없습니다. 좋은 기사를 파는 것으로 언론사를 유지할 수 없기 때문이지요. 하지만 저널리즘의 의무를 기억하는 기자는 오늘도 발로 뛰며 기사를 작성합니다. 우리에게 꼭 전해야 하는 사실을 찾아다니면서요.

생각하기 & 토론하기

- 뉴스에서 국회의 두 정당이 서로 싸우는 기사가 나왔을 때 우리가 취해야 할 태도는 무엇일까요? 아래를 읽어보고 이 중에서 제일 바른 것을 고르고 그 이유를 이야기해봅시다.

  ① 양쪽 정당 모두 비난하면서 댓글로 비판적인 글을 쓴다.
  ② 국회에서 국회의원들이 싸우는 것에 실망해서 정치에 관심을 끊는다.
  ③ 내가 좋아하는 정당이 이길 수 있도록 격려와 응원을 보낸다.
  ④ 어떤 정책 때문에 싸우는지 살펴보고, 그 정책을 자세히 알아본다.
  ⑤ 국회의 싸움을 비판하는 기자에게 응원의 댓글을 단다.

- 1980년대 민주화운동이 있었을 때 우리나라 뉴스의 보도 행태는 어땠는지 인터넷을 통해 찾아보고, 그 언론을 읽은 사람들의 반응이 어땠을지 생각해보세요.

정답 ④ 번

04

권력과 언론이
우리를 속이는 방법

오보와 가짜 뉴스의 차이

가짜 뉴스는 진짜 뉴스처럼 편집해서 똑같이 흉내 내는 것을 말합니다. 그런데 미디어도 잘못된 뉴스를 전할 수 있습니다. 미디어를 전하는 언론인이 의도하지 않은 잘못된 뉴스를 전할 수도 있고, 처음부터 속이기 위해 허위로 만드는 거짓 뉴스도 있습니다. 이런 오보 말고도 사실을 왜곡하거나 과장하거나 통계를 교묘하게 조작하거나 상업적 목적으로 특정 상품이나 기업을 홍보하는 나쁜 뉴스들도 넓은 범위에서 가짜 뉴스나 마찬가지입니다.[40]

....
40. 류희림, 《가짜 뉴스 시대에서 살아남기》, 글로세움, 2018, 91~92쪽

- 1889년 술꾼이면서, 권위적이고, 무례하고, 흉포한 아버지는 첫 결혼에 실패하고 누나의 딸과 재혼하여 나를 낳았다.
- 나는 미술을 공부하고 싶었으나 아버지에 의해 강제로 실업계 학교에 진학하였고, 이후 아버지에 대한 원망으로 학업에 불성실했다.
- 열다섯 살 때 아버지가 돌아가시고, 성적은 바닥을 밑돌았고, 결국 학교에서 쫓겨났다. 옮긴 학교에서도 열여섯 살 때 병으로 1년간 쉬다가 결국 자퇴하였다.
- 열여덟 살 때 어머니가 돌아가시고, 그 해부터 세 번 대학에 낙방하였으며, 고아들을 위한 보조금으로 생활했다.
- 스물한 살 때 보조금마저 끊겨 복지시설에 살면서 엽서 그림을 그려 생계를 이어갔다.

위 사람은 결국 유럽의 한 나라에서 총리와 대통령을 겸하는 총통이 됩니다. 누구일까요? 바로 아돌프 히틀러입니다. 아돌프 히틀러는 1933년 독일의 총리가 되었으며, 1934년 총통이 되었습니다. 그런데 히틀러는 강압적으로 정권을 잡은 것이 아니었습니다. 히틀러는 1934년 8월 19일 국민투표에 의해서 정당하게 정권을 잡았죠. 히틀러는 그 이전인 1932년 대통령 선거에 출마하였으나 37퍼센트의 득표율로 낙선했었습니다. 그러나 다음에 있던 총선에서 나치당이 다수당이 되자 1933년 히틀러가 총리로 임명되었습니다. 그리고 다음 해엔 대통령이 갑자기 죽어서 총리와 대통령을 겸임하는 총통 선거에 당선되었습니다. 이후 히틀러는 엄청난 전쟁과 학살을 하면서도 독일의 지도자로 군건하게 군림할 수 있었죠.

크게 돋보이지 않았던 히틀러가 어떻게 독일 국민의 마음을 사로

잡을 수 있었을까요? 히틀러가 연설을 잘했다는 이유도 있었지만, 많은 사람은 그의 뒤에 파울 요제프 괴벨스가 있었기 때문이라고 이야기합니다.

괴벨스는 히틀러 시대 선전부장(현재의 홍보장관에 해당)이었습니다. 괴벨스는 히틀러의 연설을 듣고 감명을 받아 나치에 입당했습니다. 괴벨스는 언론학에서 가장 유명한 사람 중 하나일 정도로 여론을 조성하고 통제하는 데 매우 뛰어났습니다. 그는 선전부장 시절 당시 점점 인기를 얻어가던 라디오를 독일 국민 전체가 가질 수 있도록 '반값 라디오'를 만들어 보급하였습니다. 그리고 그 라디오를 통해 히틀러를 미화했습니다. 이런 노력의 결과, 히틀러가 1934년에 총통의 권리를 보장받는데 89.9퍼센트의 찬성률을 거두는 공을 세웠죠. 괴벨스는 미디어에 관련해서 유명한 말을 많이 남겼습니다. 그중 몇 개를 살펴볼까요?

- 나에게 한 문장만 달라. 누구든 범죄자로 만들 수 있다.
- 분노와 증오는 대중을 열광시키는 가장 강력한 힘이다. 선전의 가장 큰 적은 지식인 주의이다.
- 거짓말은 처음에는 부정되고, 그다음에는 의심받지만 되풀이하면 결국 모든 사람이 믿게 된다.
- 100퍼센트의 거짓말보다는 99퍼센트의 거짓말과 1퍼센트의 진실의 배합이 더 나은 효과를 보여준다.
- 선동은 문장 한 줄로도 가능하지만, 그것을 반박하려면 수십 장의 문서와 증거가 필요하다. 그리고 그것을 반박하려고 할 때면 사람들은 이미 선동당해 있다.

거짓말의 힘

괴벨스의 어록들을 보면 거짓말을 사람들이 믿도록 하는 것이 많죠. 그중 "거짓말은 처음에는 부정되고, 그다음에는 의심받지만 되풀이하면 결국 모든 사람이 믿게 된다."라는 말은 정말 거짓말의 힘을 보여줍니다. 이 말은 거짓말도 자꾸 듣다 보면 믿게 된다는 것입니다. 그러나 중요한 점은 상당수가 미디어의 속성을 나타내고 있다는 것입니다. 괴벨스는 분명 잘못된 목적을 가지고 행동했습니다.

그러나 그의 전략은 독일 국민을 자신의 의도대로 움직이도록 만들었습니다. 이 때문에 괴벨스의 전략과 방법은 지금까지 마케팅이나 미디어 관련 분야에서 활용되고 있습니다. 그리고 괴벨스는 언론 관련 학과에서 가장 많이 연구하는 대표적인 전문가입니다.

괴벨스의 전략은 우리나라에서도 활용되었습니다. 군사정부 시절[41] 우리나라에서 선거가 임박하면 간첩 사건들이 신문 1면을 뒤덮었던 사례가 많았습니다. 이런 보도는 당시 여당인 보수 정당의 후보에게 매우 유리한 결과를 가져왔었죠. 이 때문에 여당은 의도적으로 언론과 국가정보원 등을 이용하여 선거 때마다 간첩 사건을 조작한 사례도 있었죠.

1967년 박정희가 윤보선을 누르고 대선에서 이기자 많은 국민이

---

41. 박정희, 전두환, 노태우 전 대통령은 군인 시절 쿠데타를 통해 정권을 잡았다. 노태우 전 대통령은 선거를 통해서 대통령이 되었으나 1979년 전두환과 함께 쿠데타에 가담한 바 있다.

부정선거 규탄 시위를 벌였습니다. 이때 7월 8일 동백림 간첩단 사건[42]이 발표되었습니다. 이로 인해서 부정선거 규탄 시위는 잠잠해졌죠. 1975년엔 재일교포유학생 간첩 사건이 있었으나 그 내용도 나중에 무죄로 선고되었고, 1977년에는 강우규, 김기오 등 10명이 재일교포 사업가 간첩 사건으로 몰렸으나 이 사건도 모두 무죄로 밝혀졌습니다.

이들 간첩 사건의 대부분은 중앙정보부(현재 국가정보원)가 조작한 사건으로 판명 났습니다. 1980년에는 김대중이 간첩으로 몰려 사형을 선고받았다가 풀려났으며, 1984년에는 군산의 서창덕이 간첩으로 몰려 10년을 선고받았으나 2008년 무죄를 선고받았습니다. 최근에는 2011년 서울시 공무원인 유우성 씨[43]가 간첩으로 몰렸으나 결국 국정원에서 조작한 것으로 드러났습니다.

지금까지 언급한 것 외에도 무죄로 판명된 간첩 사건은 매우 많습니다. 이처럼 조작된 간첩 사건들은 실제 정국의 상황을 뒤바꾸거나 선거에 큰 영향을 미쳤습니다. 아직도 우리나라 상당수의 국민이 진보 정치인을 간첩으로 생각하고 있습니다. 그래서 선거 때마다 진보적인 후보에게 '빨갱이'나 '간첩' 등의 프레임을 씌우는데, 이 여론몰이가 여전히 영향을 미치고 있습니다. '거짓말도 반복하면 진실로 받아들인다.'라는 괴벨스의 말이 증명되고 있는 셈입니다. 정말 놀랍지 않나요?

---

42. 동베를린을 거점으로 윤이상, 이용로, 황성모, 임석진 등 194명이 북괴 대남 적화공작을 벌이다 적발되었다고 발표하였다. 이로 인해 사형 2명을 포함하여 15명이 실형을 선고받았다.
43. 이서현,〈檢 "유우성씨 北에 노트북 보낸 새 증거 확보"〉,《동아일보》, 2014. 4. 22.

경마저널리즘

선거 이야기가 나온 김에 선거에 관련된 뉴스를 생각해볼까요? 선거에서 미디어의 보도 태도를 비판하는 가장 많은 단어가 바로 '경마저널리즘'입니다. 경마저널리즘은 선거 보도에서 정작 중요한 후보자의 정책 등은 제대로 알려주지 않고, 마치 경마를 중계하듯이 후보들의 지지도 순위 중심으로 보도하는 것을 말합니다. 즉 선거 전 당시 지지율과 후보자의 동향 위주의 결과만 흥미 위주로 보여주는 것이죠.

경마저널리즘의 문제점은 다음과 같습니다. 첫째, 후보자에 대한 정보나 내세우는 정책을 제대로 알려주지 않습니다. 선거에서 가장 중요한 것은 후보자가 어떤 사람인지를 아는 것입니다. 후보자의 도덕성과 비전, 그리고 정치철학 등을 알려줘야 합니다. 그러나 지지율 순위와 변동, 그리고 그날의 동정에 밀려 후보자에 대한 검증이 제대로 이루어지지 않습니다.

둘째, 정책선거를 방해합니다. 선거는 모두가 막대한 권력을 갖는 중요한 자리의 일꾼을 뽑는 것입니다. 따라서 그 사람이 당선되었을 때 어떤 정책으로 문제를 해결할지 검증이 이루어져야 합니다. 예를 들어 후보자의 정책이 실현 가능한 것인지, 그리고 정책 자체가 현실의 문제를 효과적으로 해결할 수 있는지를 검증해야 합니다. 그런데 이런 중요한 내용이 여론조사나 후보자 동향에 밀려 전혀 보도되지 않는 경우가 많습니다.

각도를 바꾸면 진실이 달라진다

선거가 가까이 다가올 무렵 방송을 주의 깊게 살펴보면, 방송사가 선호하는 후보를 알 수 있는 사례가 많습니다. 가장 눈에 띄게 드러나는 것은 카메라 앵글입니다. 앵글은 카메라를 어느 방향에서 찍느냐를 말하죠. 선거 방송의 카메라 앵글을 어떻게 잡느냐는 별것 아닌 것 같지만, 방송을 보는 사람들에게 눈에 띄지 않게 영향을 미칩니다. 먼저 다음 사진을 비교해볼까요?

하이앵글   로우앵글

두 사진 속 인물 중에서 좀 더 멋지게 보이는 사람은 누구인가요? 양쪽의 사람은 같은 사람입니다. 그러나 카메라 위치에 따라서 보이는 사람의 느낌은 조금 다르죠. 카메라가 조금 낮은 곳에서 높은 곳을 향해[44] 모델을 찍으면 약간 위엄 있는 모습처럼 보이거나 우러

....
44. 로우앵글, 낮은 곳에서 높은 곳을 향해 찍는 카메라 앵글.

러보는 느낌이 듭니다. 반면 카메라 위치를 위에서 아래쪽을 향해 [45] 모델을 찍으면 내려다보는 느낌이 들고 사람이 왜소하게 보입니다. 사람이 볼품없이 느껴지기도 하죠. 그래서 역사적으로 세계 모든 나라의 왕은 항상 높은 위치에서 신하들을 내려보도록 합니다. 아래에서 높은 곳의 왕을 보면 왠지 위엄 있어 보이는 효과가 있기 때문입니다.

실제로 학교에서 모둠별 수업을 할 때, 학생들에게 한 인물을 정해서 가장 초라한 사진을 찍어오라는 과제를 준 적이 있습니다. 그러면 학생들은 모델의 위치나 표정을 다양하게 해서 많은 사진을 찍어봅니다. 결국 결과물로 제출한 사진은 어김없이 하이앵글로 찍은 사진이었습니다. 반대로 위엄 있거나 멋지게 찍어보라는 과제에는 거의 모두가 로우앵글로 찍은 사진을 내놓았습니다. 알려주지 않아도 다양하게 찍다 보면 카메라 앵글에 의해서 차이가 발생한다는 것을 깨닫게 되지요. 문제는 이런 앵글의 차이가 가끔 선거 뉴스에서도 나타난다는 것입니다. 뉴스를 만드는 곳에서 자신이 좋아하는 후보는 로우앵글로 찍고, 상대 후보는 하이앵글로 찍어서 뉴스 화면이나 사진으로 내보내는 것입니다. 이런 사진이나 화면을 생각 없이 반복적으로 계속 보게 되면 자기도 모르게 특정 후보에 대해 더 호감을 가질 수 있다는 것입니다. 이런 이미지의 학습은 투표에까지 영향을 미칠 수 있습니다. 정말 놀랍지 않나요?

······················
45. 하이앵글, 높은 곳에서 낮은 곳을 향해 찍는 카메라 앵글.

어느 부분을 보여주느냐에 따른 사실 왜곡

저녁 뉴스에 후보자들의 연설 장면이 방송된다고 가정해봅시다. 일단 방송에서는 전체 풍경을 먼저 보여주고 후보자의 연설 장면을 보여줍니다. 이때 수많은 군중 중에서 어느 방향에서 사진을 찍느냐도 매우 의미 있는 차이를 만들어냅니다. 먼저 다음의 사진을 한번 볼까요?

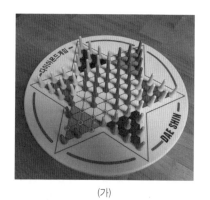

(가)

(나)와 (다)는 같은 상황을 방향만 다르게 해서 찍은 사진입니다. 결과는 어떻게 보이나요? 어느 쪽이 많아 보입니까?

대충 봤을 때 (나)는 (다)보다 빈 곳이 많아 보입니다.

(나)

(다)

(나)는 앞쪽에 빈 곳이 많고, (다)는 뒤쪽에 빈 곳이 많습니다. 같은 상황을 찍은 것인데도 결과는 완전히 다르게 보이죠.

원인은 광각 카메라의 효과 때문입니다. 일반적으로 넓은 사진을 찍을 때 사진이나 카메라는 광각[46]을 사용합니다. 광각의 환경에서는 앞에 있는 것은 매우 크게 보이지만 멀리 있는 것은 매우 작게 보입니다. 따라서 (나)의 경우에 광각 렌즈를 이용하면 가까이 있는 빈 곳이 매우 커 보이게 되는 것이죠. 그러나 (다)의 경우에 광각 렌즈를 이용하면 빈 곳이 반대쪽에 멀리 있기 때문에 빈 곳이 매우 작아 보이는 효과가 나타납니다. 그래서 (나)는 (다)에 비해서 빈 곳이 더 많아 보입니다.

뉴스 제작자가 좋아하는 후보는 사람들이 가득 채워진 곳의 방향에서 광각 렌즈로 사진을 찍어 보여줍니다. 그러면 많은 사람이 모인 것처럼 보이겠죠. 그래서 '이 후보는 많은 사람이 몰려와서 들을 정도로 대단한 사람이구나'라고 느끼도록 합니다. 반면 선호하지 않는 후보는 빈자리 방향에서 광각으로 찍어 빈자리가 커 보이게 합니다. 그러면 사람들이 비교적 적어 보이는 효과가 생기죠. 이 장면을 보는 시청자는 '이 후보는 사람들에게 인기가 별로 없구나'라고 생각하게 됩니다.

연설 장면도 그중에서 어떤 장면을 선택해서 보여주느냐가 영향

....
46. 초점거리가 짧은 사진으로 사진 각도가 커져서 넓은 장면을 담아낼 수 있다. 풍광 사진으로 많이 찍는다. 반대로 망원으로는 사진 각도가 작아져서 멀리 있는 것도 가까이 있는 것처럼 찍을 수 있다.

을 미칩니다. 뉴스는 연설 내용 중 몇십 초 정도를 선택해서 보여줍니다. 이때 언론사가 선호하는 후보는 진지하면서도 자신의 비전을 말하는 장면을 선택해서 보여줍니다. 그러나 선호하지 않는 후보는 말을 더듬는 장면을 보여주거나 남을 비방하는 장면을 보여줘서 부정적인 면을 강조합니다. 시청자가 이런 장면을 반복해서 보다 보면 자신도 모르게 뉴스 제작자가 좋아하는 후보에게 호감을 갖게 됩니다.

뉴스에서는 후보자 연설에 대한 청중의 반응을 잠깐 보여줍니다. 그런데 여기에도 뉴스 제작자의 의도가 들어갈 수 있습니다. 선호하는 후보가 연설할 때는 박수치며 환호하는 청중을 보여주는 반면, 선호하지 않는 후보가 연설할 때는 딴짓을 하거나 인상을 찌푸린 청중을 보여줘서 부정적인 느낌을 주죠. 실제로 지금은 이런 미디어의 영향이 많이 알려져서 설명한 것과 같이 극단적인 뉴스는 많지 않습니다. 그러나 아직 완전하게 사라진 것은 아니며 일부 언론에서는 여전히 영상이나 사진에서 약간의 차이를 두어 뉴스 제작사의 의도를 드러낼 때가 있습니다.

선거와 언론, 그리고 우리가 할 수 있는 것

선거에서 언론의 역할은 매우 중요합니다. 선거의 중요한 이슈는 결국 언론을 통해서 알려지기 때문입니다. 언론에서 인물과 정책을 두고 이슈를 만들어나가느냐 아니면 여론조사를 통한 지지도 순위 중심으로 보도하느냐는 1차적으로 언론사의 책임입니다. 그러나 2차적으로는 그런 경마저널리즘 방식의 뉴스에 클릭을 하는 우리에게도 책임이 있습니다. 결국 언론을 변화시킬 수 있는 것은 우리 시민입니다. 언론은 독자들이 좋아하는 것을 뉴스에 올릴 수밖에 없기 때문이죠. 우리가 지지율보다 정책에 관심을 가지고 살펴볼 때 언론도 변화할 수 있다는 것을 꼭 알아야 합니다.

미디어
Talk Talk

 SNS에서 가짜 뉴스 차단할 수 없나요?

SNS 업체들도 가짜 뉴스를 차단하거나 경고를 주고 있습니다.

2022년 대통령 선거 전부터 후보로 예상되는 경선자에 대한 가짜 뉴스가 확산되고 있습니다. 그렇다면 SNS 업체들은 가짜 뉴스를 어떻게 걸러낼 수 있을까요? 페이스북은 지난 미국 대선의 경험을 바탕으로, 2022년 한국 대선에서 강화된 가짜 뉴스 차단 방식을 적용할 것이라고 밝혔습니다. 그 방법으로 페이스북은 언론사와 협력해 사실 확인을 할 뿐만 아니라 선관위와 핫라인을 구축해 선거 정보와 관련해 발빠르게 대응할 것이라고 말했습니다.

트위터는 참여 방법을 왜곡하는 정보, 선거에 참여하지 못하도록 억제하는 게시물, 선거 결과에 대한 잘못된 내용 등 오해를 불러일으키는 게시물은 잘 보이지 않게 처리할 것이라고 밝혔습니다.

우리가 자주 사용하는 포털 사이트인 네이버와 다음은 1차적으로는 제휴 계약을 맺고 있는 언론사들의 기사를 1차적으로 검증해서 거르는 구조를 통해 가짜 뉴스를 차단할 것이라고 밝혔습니다.

그런데 알고 있나요? 가짜 뉴스는 한국인터넷자율정책기구(KISO)를 통해 신고할 수 있고, 블로그, 카페, 카카오톡에 대해서도 허위사실을 유포할 시에는 신고할 수 있습니다. 누구에게나 표현의 자유는 있습니다. 하지만 잘못된 정보로 사회적으로 해를 끼친다면 그건 올바른 표현의 자유가 아닐 것입니다.

생각하기 & 토론하기

- 선거 방송에서 진행되는 토론회에는 주요 정당만 나와서 토론을 하는 사례가 많습니다. 그래서 군소 정당들은 정책을 알릴 기회가 별로 없습니다. 언론에서 군소 정당에 대한 보도를 비중 있게 다루지 않는 이유를 생각해보고, 군소 정당에 대한 뉴스의 비율은 거대 정당과 비교해서 어느 정도로 하는 것이 좋은지 이야기해보세요.

- 청문회 관련 뉴스를 보면 후보자의 능력과 정책에 대한 이야기보다 도덕성에 대한 이야기만 뉴스에 보도될 때가 많습니다. 도덕성이 중요한 이유는 무엇일까요? 또한 언론에서 후보자의 능력과 정책을 검증하기 위한 방법은 무엇이 있을까요?

JTBC와 손석희, 그리고 언론의 블루오션

05

방송의 종류와 매출액

우리나라에서 방송은 수신 신호에 따라 지상파, 케이블방송, 위성
방송, IPTV로 구분할 수 있습니다. 지상파는 일반적으로 전파 형
태로 송출하고 안테나를 통해 방송 신호를 수신하는 채널로 KBS,
MBC, SBS, 지역 민영방송을 말합니다. 케이블방송은 종합 유선 방
송이라 하며 방송 선로(케이블)를 활용하여 방송을 내보냅니다. 위
성방송은 인공위성의 무선 설비를 이용하여 방송을 내보내는데, 이
를 위해 위성 송신 장치를 설치해야 시청할 수 있죠. IPTV는 인터
넷을 이용하여 보는 방송으로 〈방송법〉이 아니라 〈인터넷멀티미디
어사업법〉의 규제를 받는다는 점에서 차이가 있습니다.

방송의 수신 신호에 따른 분류

종류	특징	예
지상파	안테나로 전파를 수신	KBS, MBC, SBS, EBS
케이블방송	케이블로 방송을 송신	지상파를 제외한 채널
위성방송	인공위성의 무선설비 이용	지상파를 제외한 채널
IPTV	인터넷을 이용	지상파를 제외한 채널 및 콘텐츠

　최근에는 가정에 스마트TV가 보급되었고, 넷플릭스, 웨이브 같은 OTT 방송 등의 진입으로 IPTV의 매출이 늘어나고 있습니다. 2020년 과학기술정보통신부와 방송통신위원회가 발표한 자료에 따르면 2019년 처음으로 IPTV의 매출액이 지상파 방송을 추월했습니다.

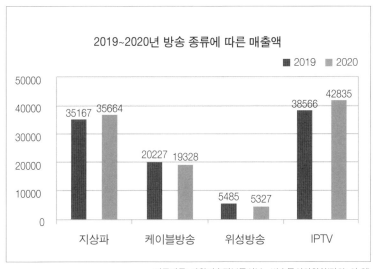

2019~2020년 방송 종류에 따른 매출액

자료제공: 과학기술정보통신부 · 방송통신위원회(단위: 억 원)

지상파와 종편의 차이

2009년 미디어법 개정안이 통과되면서 2011년 12월 우리나라에 TV조선, JTBC, 채널A, MBN의 종합편성채널(이하 '종편'이라 함)이 개국했습니다. 그런데 이들은 그 이전에도 케이블방송 채널이 있었습니다. 그런데 종편으로 바뀌고 나서 어떤 차이가 있었을까요? 기존의 케이블방송은 한 분야의 전문적인 내용만 방송하도록 〈방송법〉에 묶여 있었습니다. 뉴스 채널은 뉴스만 해야 하고, 오락 채널은 오락 프로그램만 내보내야 했으며, 영화 채널은 영화만 방송해야 했습니다. 그래서 지상파처럼 종합편성을 할 수 없었죠. 이를 2009년 미디어법이 통과되면서 앞서 언급한 4개의 방송사에 종합편성을 할 수 있도록 혜택을 준 것입니다. 즉 이들 4개의 방송사는 지상파처럼 보도, 교양, 오락 등 모든 분야의 방송을 할 수 있게 된 것이죠. 이런 면에서 보자면 종편은 지상파와 매우 비슷합니다. 다만, 지상파는 안테나를 이용하여 볼 수 있지만, 종편은 케이블방송, 인공위성방송, 인터넷을 통해 볼 수 있다는 데 차이가 있죠.

종편에는 몇 가지 특혜가 있습니다. 첫째, 초기에 케이블방송과 위성방송 그리고 IPTV에 종편 4개 채널을 의무적으로 편성하도록 했습니다(2019년 폐지). 그것도 지상파와 인접한 채널을 배정하여 시청률을 높일 수 있도록 했습니다. 그 이전에는 재난방송 주관사인 KBS1과 교육 채널인 EBS만 의무적인 편성 채널로 지정되어 운영해왔습니다. KBS2, MBC, SBS, OBS는 의무 편성 채널에서 제외

되었기 때문에 일부 케이블방송에서는 이 방송들이 나오지 않는 지역도 있었죠. 그런데 종편 4개 방송사는 모두 의무 편성 채널로 규정되는 특혜를 누렸습니다.

둘째, 지상파와 비교하여 규제가 미약합니다. 지상파는 80퍼센트 이상을 국내 제작 프로그램으로 편성해야 하지만 종편은 40퍼센트 이상으로 완화된 규정을 받습니다. 지상파는 외주제작 편성 비율이 정해져 있지만, 종편은 그에 관한 규제가 없습니다. 그리고 과거 지상파에서는 중간 광고가 금지되었지만 종편에서는 가능했습니다. 그래서 값비싼 중간 광고를 유치할 수 있었습니다. 또 총 광고 시간도 종편에서 훨씬 많이 운영할 수 있습니다. 더불어 종편에서는 공익 광고의 비율이 낮아 광고비를 많이 받을 수 있습니다. 즉 종편은 공익 광고는 적게, 그리고 돈을 버는 상업 광고는 많이 할 수 있도록 지원한 것이죠.

이 외에도 지금은 변경되었지만 초기 종편에서는 직접 광고가 가능했고, 방송발전기금도 면제되었습니다. 결국, 이런 이점들은 종편 방송사의 성장에 큰 도움을 주었습니다.

종편의 공통점과 제로섬 시장

신기하게도 2011년 개국한 종편 4개 방송사는 원래 모기업이 모두 보수라고 불리는 언론사였습니다. 당시에는 지상파 방송도 모두 보수 성향이 짙었을 때였죠. 지상파와 종편이 모두 보수 성향이라는 점은 방송사 입장에서 불행한 일이었습니다. 왜냐하면 우리나라에서 보수 성향의 뉴스를 보는 사람들은 제한되어 있기 때문이죠. 이처럼 뉴스 시청자가 제한되어 있다는 말을 제로섬이라고 합니다.

제로섬이란, 전체 시장의 규모가 일정하여 한쪽이 수익을 많이 가져가면 다른 한쪽은 수익이 적어진다는 뜻입니다. 제로섬의 핵심은 전체 시장이 딱 정해져 있다는 것입니다. 시장이 넓어지지 않는다는 것을 가정한 용어입니다. 만약 보수 성향의 뉴스를 좋아하는 사람이 100만 명이고, 채널이 2개 있다고 가정해봅시다. 이때 한쪽 성향의 뉴스를 50만 명이 시청한다면 다른 쪽의 뉴스도 50만 명이 볼 것입니다. 그런데 한쪽 성향의 뉴스를 80만 명이 본다면 다른 한쪽 성향의 뉴스는 20만 명이 보고 있겠죠. 그래서 시장의 규모가 증가하지 않는 한 한쪽이 많은 수익을 거두면 다른 한쪽은 수익이 줄어들겠죠. 또 규모가 100만 명인 시장에서 채널이 2개에서 4개로 늘어난다면 평균 시청자는 50만 명에서 25만 명으로 줄어들게 됩니다. 즉, 제로섬 시장에서는 채널 개수가 늘어나면 각 채널의 평균 수익이 줄어들게 됩니다.

2011년 제로섬인 시장 상황에서 경쟁 방송사가 4개 늘어난 것입니다. 마치 조그만 동네에 슈퍼마켓이 4개가 있었는데 8개로 늘어난 것과 같죠. 그러다 보니 보수 성향의 뉴스를 시청하는 사람은 정해져 있는데 경쟁 방송사만 더 늘어난 것입니다. 그럼 어떻게 될까요? 강력한 시청률 파워를 가진 방송사가 없고, 다 비슷비슷한 능력을 가졌다면 아마도 수익은 반으로 줄어들 것입니다. 즉 4명이 나누어 먹던 것을, 이제는 8명이 나눠 먹는 형국이 된 것입니다. 그래서 2013년 초까지만 해도 이대로 가면 종편 4개 방송사가 모두 망한다는 자조 섞인 소리가 있었습니다.

JTBC의 블루오션 전략

제로섬과 반대되는 단어는 바로 논제로섬입니다. 논제로섬은 시장이 정해진 것이 아니라 확대되거나 축소될 수 있다는 말입니다. 예를 들어, 마트가 2군데 있는 A 지역에 마트 2군데가 추가로 들어섰다면 제로섬 시장에서는 이익이 반으로 줄어들겠죠. 이때 4개 마트 중 한결마트가 있다고 가정해봅시다. 한결마트는 A지역 바로 옆 B 지역을 시장 조사했습니다. 그랬더니 B 지역에는 마트가 하나도 없었습니다. 그래서 한결마트는 자동차를 이용하여 B 지역까지 상품을 배달했습니다. 그 결과 이익이 줄지 않고 더 많은 수익을 가져올 수 있었습니다. 이 경우 시장이 'A'에서 'A와 B'로 확대된 것입니다. 이와 같이 시장의 규모가 넓어지거나 좁아질 때를 논제로섬이라고 합니다. 그리고 새로운 시장의 창출로 인해 생겨난 경쟁자가 없는 독점적인 시장을 블루오션이라고 합니다. 위에서 한결마트는 B라는 시장을 창출하여 경쟁자가 없는 블루오션을 만든 것이죠.

2013년 5월, JTBC는 한 유명 언론인을 보도 담당 사장으로 임명해서 많은 사람을 놀라게 했습니다. 이 언론인은 바로 손석희 앵커입니다. 당시 손석희 앵커는 MBC에서 〈MBC 100분 토론〉과 아침 라디오 〈손석희의 시선집중〉이라는 프로그램을 진행하며 엄청난 인기를 누리는 스타였습니다. 특히 진보 진영에서 손석희의 인기는 매우 높았습니다. 그래서 손석희가 보수색이 짙은 JTBC로 간다는 소식에 많은 사람이 의아해했었죠.

보수 언론인 JTBC는 왜 진보 성향의 손석희를 데려왔을까요? 그 이유는 바로 JTBC가 제로섬인 보수 성향의 뉴스 시청자를 놓고 서로 경쟁하는 것에 한계를 느꼈기 때문이었습니다. 당시 모든 지상파와 종편이 보수 성향의 뉴스였기 때문에 서로 나눠 먹기를 하는 상황이었죠. 제로섬인 시장에서는 아무리 잘해도 이익이 크지 않다고 판단했습니다.

반면 진보 성향의 뉴스를 보는 사람들은 TV를 떠나서 팟캐스트 쪽으로 이동하고 있었습니다. 그래서 JTBC는 제로섬 시장에서 서로 경쟁하기보다 블루오션 전략으로 진보 성향의 뉴스 시청자를 새로운 타깃으로 삼았던 것이죠. 그리고 진보 성향의 사람들에게 가장 인기가 좋았던 손석희 앵커를 데려와서 보도본부의 전권을 준 것입니다. 실제로 이 전략은 큰 성공을 거두었습니다. 시사IN에서 2016년 9월에 '가장 신뢰하는 저녁 뉴스'를 조사한 결과, 〈JTBC 뉴스룸〉이 2014년부터 3년 연속으로 1위를 차지했습니다. 한편 방송통신위원회에서 조사한 매출을 비교해보면 2014년부터 JTBC의 매출이 타 종편 방송사에 비해 엄청나게 증가한 것을 알 수 있습니다.

방송사별 광고 매출

	TV조선	채널A	JTBC	MBN
2013	481	512	594	566
2014	440	403	724	551
2015	539	484	1218	622
2016	522	499	1234	625

자료제공: 2017년 방송통신위원회(단위: 억 원)

2013년까지는 종편 4개 방송사의 광고 매출이 크게 차이가 없었습니다. 그러나 손석희가 자리를 잡아가던 2014년 이후에는 JTBC만 유난히 광고 매출이 급증했습니다. 그리고 해가 거듭할수록 그 차이가 더 증가했습니다. 2016년에는 타 방송사의 거의 2배 가까이 되거나 2배가 훨씬 넘는 수치를 보여주었습니다. 결국 JTBC의 블루오션 전략이 성공했다고 볼 수 있겠죠.

잠깐만! 쉬어가는 뉴스

우리나라 최초의 방송 🔍

1956년 5월 12일 탑골공원, 서울역 등지에 많은 인파가 몰렸어요. 텔레비전 방송을 보기 위해서지요. 우리나라 텔레비전 방송이 본격적으로 시작된 것은, 1961년 12월 31일 KBS가 개국하면서 서울과 지방 곳곳에 방송망을 구축해나가면서부터예요.

방송이 진짜 무서워하는 것

방송은 언제든 바뀔 수 있습니다. 우리나라 공영방송의 사장은 대통령이 임명하거나 방송문화진흥회에서 임명합니다. 따라서 정부가 바뀌면 공영방송의 성향도 바뀌는 사례를 지금까지 여러 차례 경험했습니다.

최근에는 방송의 진정한 독립을 위한 노력이 진행되고 있습니다. 정부에 따라 방송사 스스로 완전 자율 체제로 운영된 사례도 있습니다. 또 방송사 자체적으로 방송사 사장 선임제도 변경을 위한 노력을 계속하고 있습니다. 언론 관련 시민단체도 함께 목소리를 내고 있고요. 이런 노력의 결과 최근 KBS에서는 시민자문단을 모집했고, 이들이 직접 면접한 결과를 반영하여 대통령이 사장을 임명했습니다.

방송사가 그들의 주 수입을 광고에 의지하는 한 방송사는 광고주의 눈치를 볼 수밖에 없습니다. 광고 시장에 따라 뉴스의 성향이 달라질 수도 있죠. 그러나 우리가 할 수 있는 것이 있습니다. 바로 시청자로서 건전한 목소리를 내는 것이죠. 왜냐하면 방송사도 광고주도 가장 무서워하는 것은 국민이니까요. 방송을 시청자가 보지 않으면 광고도 오지 않습니다. 광고주도 국민이 외면하면 물건을 팔 수 없습니다. 따라서 그들은 국민을 무시할 수 없는 환경에 놓여 있습니다.

단, 우리가 목소리를 내야 합니다. 그래야 방송사도 광고주도 시청자가 보입니다. 잘못한 것은 잘못했다고 하고, 문제점은 바르게 지적하고, 또 좋은 뉴스에는 박수를 치고 칭찬할 때 우리 언론은 좀 더 바른길로 갈 수 있습니다.

미디어
Talk Talk

유튜브에 광고가 붙는 이유가 뭐예요?

광고를 통해 수익을 얻기 위해서입니다.

유튜브는 2021년 6월 1일부터 모든 영상에 광고가 붙습니다. 이전까지는 유튜브 파트너 프로그램 가입자의 영상에만 광고가 붙었습니다. 하지만 이제 유튜버의 선택과 상관없이 광고가 붙습니다. 그리고 그 영상 채널에서 발생한 수익을 구글에서 가져가고 있습니다. 이 때문에 반발이 많지만 이미 많은 사람들이 유튜브를 사용하고 있기 때문에 이 정책을 따를 수밖에 없습니다.

유튜브가 이런 정책을 펼친 데는 당연히 광고로 수익을 얻기 위해서입니다. 그리고 그 이면에는 유튜브가 유료로 운영 중인 '유튜브 프리미엄' 서비스 가입자를 늘리기 위한 것으로 보고 있습니다. 프리미엄 서비스에서는 광고 없이 영상을 볼 수 있습니다. 한편 모든 영상에 광고를 붙이면 채널의 수익 창출 가입 여부와 상관없이 광고가 재생되고, 발생한 수익은 구글이 갖게 됩니다. 이 때문에 유튜브 채널 운영자와 이용자 모두에게 비판의 목소리가 나오지만 유튜브는 정책을 바꾸지 않을 것입니다.

생각하기 & 토론하기

- 종편방송채널이 중간 광고를 할 수 있었던 이유는 무엇일지 말해보세요.

- 요즘은 넷플릭스나 웨이브 같은 OTT 방송에서 자신이 원하는 콘텐츠를 골라 봅니다. OTT 방송과 기존 지상파나 케이블TV 등과 비교할 때 장점과 단점을 정리하여 말해보세요.

미디어의 미래

01

인공지능의 시대, 뉴스의 미래

인공지능 기자의 탄생

2020년, 마이크로소프트(MS)는 포털 사이트 MSN과 엣지(Edge) 브라우저 등 자사 뉴스 관련 계약직 직원 50여 명을 해고했습니다.[47] 그 이유는 이제 뉴스 선별과 편집에 인공지능을 활용하게 되면서 사람의 역할이 더 필요하지 않게 되었기 때문이었습니다. 중국에서는 2018년부터 인공지능 아나운서를 방송에 등장시켰습니다. 이 인공지능 아나운서는 표정이나 몸짓이 사람과 너무나 흡사하여 인공지능인지 사람인지 구별하기 힘이 들 정도였습니다.

....

47. 김평화, 〈마이크로소프트 'AI 기자' 확대하며 관련 인력 축소〉, 《조선일보》, 2020. 5. 31.

인간 아나운서는 24시간 방송국에 대기할 수 없지만, 인공지능 아나운서는 급할 때 사람을 대신할 수 있습니다. 더불어 얼굴도 다양하게 변화시킬 수 있어 여러 명을 고용한 것 같은 효과를 줍니다. 또한 사람이 방송할 때는 분장, 조명, 카메라 등 다양한 인원이 준비 과정을 거쳐서 뉴스 보도를 시작하지만, 인공지능은 뉴스 대본과 프로그램 직원만 있으면 바로 보도를 내보낼 수 있습니다. 최소의 인원으로 준비 과정 없이 바로 뉴스를 진행할 수 있다는 것은 인공지능의 장점입니다. 이는 긴급 재난 상황이나 속보가 필요할 때 매우 유용하게 활용될 수 있을 것입니다. 이처럼 인공지능 기술의 발달은 언론의 현장을 급격하게 바꾸고, 점점 사람을 대체하고 있습니다.

인공지능 기자 vs 사람 기자

얼마 전까지 언론 현장에서 인공지능 로봇은 뉴스 작성을 보조하는 역할에 머물렀습니다. 예를 들어 사이언스 뉴스(www.sciencenews. org)에서는 인공지능 로봇이 기사를 편집하는 사람을 도와주고 있습니다. 또 기사를 작성할 때 필요한 자료를 모아주는 역할도 하고 있습니다.

2017년부터 우리나라 연합뉴스는 증시나 스포츠 전적 등에 템플릿 방식의 기사를 인공지능의 도움을 받아 작성했습니다. 증시나 스포츠 전적 기사는 매일 결과만 달라지기 때문에 기사의 틀을 어느 정도 만들어 놓은 뒤 결과만 입력하면 됩니다 그래서 신문사에서는 기사의 틀 안에 결과를 자동으로 입력할 수 있는 인공지능 로봇을 활용했습니다. 이런 방식을 템플릿 방식이라 합니다.

2017년 SBS는 인공지능 로봇 '나리' 기자[48]를 도입합니다. '나리' 기자는 제19대 대통령선거 개표현황에서 5월 9일 아침 7시 30분부터 5월 10일 새벽 3시 4분까지 총 176개의 기사를 씁니다. 처음 기사부터 투표가 끝날 때까지 평균 10분 단위로 대선 투표율을 계속 보도했습니다. 그리고 개표가 시작되고 나서는 당선 확정되기까지 약 5시간 동안 무려 107개의 기사를 올립니다. 평균적으로 약 3분

....
48. 나리(NARe, News by Artificial intelligence Reporter)는 SBS 뉴스와 서울대학교 이준환·서봉원 교수 연구팀이 함께 만든 인공지능 로봇 기자이다.

에 한 개의 기사를 작성하는 놀라운 능력을 보여주었습니다.

2020년 4월 28일엔 연합뉴스에서도 인공지능 기자가 쓴 기사가 보도됩니다. 날씨 정보를 인공지능 기자가 기사로 작성하여 첫선을 보인 것이죠. 그 후 연합뉴스는 기상 관련 뉴스에서 하루 세 번씩 인공지능이 쓴 날씨 관련 기사를 보도합니다.

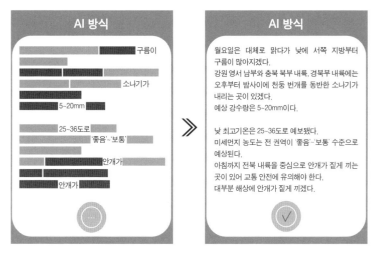

왼쪽처럼 날씨 정보에 대한 관측값이 주어지면 오른쪽처럼 인공지능이 자동으로 기사를 완성한다.
(자료제공: 엔씨소프트 블로그 2020. 7. 9.)

연합뉴스의 인공지능 기자를 제작한 엔씨소프트는 인공지능 기자가 첫 보도를 하는 날 앞으로 다양한 분야에서 머신러닝 기반의 인공지능 기자를 상용화하겠다고 발표했습니다. 아마도 우리 사회에서 기자의 자리도 점점 인공지능이 대체할 확률이 높아지겠죠. 그러면 미래 뉴스에서 인공지능은 또 어떤 분야를 대체할 수 있을까요?

'진르터우탸오' 와 '틱톡'

2012년 중국의 소프트웨어 엔지니어인 장이밍은 뉴스 앱 진르터우탸오를 만듭니다. 이 뉴스 앱은 만든지 5년 만에 누적 서비스 이용자 7억 명, 하루 이용자 1억 명, 하루 평균 이용 시간 76분을 기록합니다. 중국의 언론사들이 진르터우탸오를 경계하는 것이 당연한 일이겠죠.

장이밍이 만든 뉴스 앱은 우리말로 '오늘의 주요 뉴스'였습니다. 이 뉴스 앱의 성공 비결은 바로 인공지능이었죠. 장이밍은 인공지능을 활용하여 개인 맞춤형 뉴스를 제공했습니다. 이를 위해서 개인에 대한 데이터가 모여야 하겠죠. 장이밍은 빅데이터를 활용하여 개인의 취향을 분석하고, 개인이 가장 관심을 가질 만한 뉴스를 제공합니다. 인공지능은 개인이 어떤 뉴스를 선택하는지, 그리고 얼마나 머물러 있는지를 다시 분석하면서 개인의 관심에 대한 다양한 정보를 계속 누적하죠. 이 때문에 잠깐 보고 마는 것이 아니라 하루 평균 머무는 시간이 한 시간을 훌쩍 넘겨버립니다. 2016년 장이밍은 진르터우탸오의 성공에 힘입어 인공지능을 활용한 동영상 플랫폼을 만듭니다. 이 동영상 플랫폼이 바로 '틱톡'이었죠.

장이밍의 뉴스 앱 성공에 힘입어 미국의 월스트리트저널도 2018년부터 독자 데이터를 기반으로 개인 맞춤형 뉴스를 제공하고 있습니다. 그 결과 유료 구독으로 바꾼 사람이 15배나 증가했다고 합니다.[49] 우리

49. 박진우, 〈로제우스 "나를 위한 AI 뉴스" 서비스로 생태계 혁신〉, 《아시아경제》, 2020. 11. 24.

나라도 비슷한 사례로 로제우스(rozeus.com)가 있습니다. 로제우스는 국내 언론의 99퍼센트 이상을 모아 개인 맞춤형 뉴스를 제공하고 있습니다.

잠깐만! 쉬어가는 뉴스

딥페이크 기술의 악용 🔍

딥페이크 콘텐츠가 주목받기 시작한 것은 2017년 유명 영화배우 데이지 리들리, 갤 가돗, 스칼렛 요한슨 등의 얼굴에 덧입힌 가짜 포르노 영상이 빠르게 퍼지면서부터입니다.[50] 이 영상은 진짜인지 가짜인지 판별하기 어려울 정도였고, 피해자인 배우들이 성적 수치심은 물론 많은 대중이 이 영상을 진짜로 믿을까 봐 걱정했습니다.

그런데 최근에는 일반 여성의 얼굴 사진과 포르노를 교묘하게 합성해 유포하는 사례가 많아지고 있습니다. 이런 딥페이크 포르노를 만든 영상은, 'FakeApp'이라는 무료 소프트웨어나 구글의 인공지능 라이브러리에 무료 공개되어 있는 툴을 활용해 제작할 수 있는 것으로 알려졌습니다.[51] 누구나 이 기능을 쉽게 접근하여 만들 수 있으며, 누구나 범죄의 표적이 될 수 있어 더 문제가 되고 있습니다. 안타깝게도 지금으로서는 딥페이크 포르노 영상의 양산과 확산을 막을 수 있는 뚜렷한 해결책이 없습니다.

50. 곽영빈 외,《초연결시대 인간-미디어-문화》, 앨피, 2021, 65~67쪽
51. 백윤미, 〈'딥페이크 포르노' 범죄 일반인 여성까지 타깃으로 노출〉,《조선일보》, 2018. 12. 31.

인공지능 시대, 미래 뉴스

가까운 미래, 기자의 취재 형식은 드론과 CCTV를 활용한 인공지능이 상당한 역할을 할 것입니다. 드론과 CCTV가 정보를 수집하고, 이를 인공지능이 분석하여 사건을 재구성하는 것이죠. 예를 들어 자동차 사고가 일어나면 CCTV나 자동차의 센서가 사고를 알리고, 바로 드론이 출동하여 현장 상황을 촬영하고 중계합니다. 그리고 기존의 아나운서는 시청자와 대화를 하면서 사건을 해설해주는 것이죠. 시청자가 그 상황을 좀 더 현실감 있게 보려면 가상현실을 통해 직접 현장에 있는 듯한 체험을 할 수 있습니다. 그리고 컴퓨터는 다양한 정보를 토대로 사고 이전의 모습부터 사고 과정을 컴퓨터 그래픽으로 재구성하여 시청자들에게 제공할 수 있습니다. 즉 촬영되지 않았던 사고 과정을 볼 수 있죠.

또한 가짜 뉴스를 동영상으로 제작하는 기술도 발전할 것입니다. 대통령과 똑같은 모습과 목소리로 많은 사람을 속일 수도 있습니다. 그래서 미래 사회에서는 가짜 뉴스에 대한 규제와 처벌이 강화될 것이고, 사실을 확인하기 위한 새로운 기술이 필요할 것입니다. 아마도 정보에 대한 신뢰를 위해서 중요한 정보는 블록체인 기술[52]을 활용하여 암호화하고, 이로 인해 중간에 사람들이 정보를 왜곡시킬 수 없도록 하겠죠.

....
52. 거래의 신뢰도를 유지하기 위해 거래 장부를 분산하여 저장하는 기술

블록체인 기술이 언론과 결합한다면 정보 실명제를 사용해 기자가 정보를 뉴스 소비자에게 직접 안전하게 전달할 수 있을 겁니다. 이를 위해 무료로 공개하는 정보와 유료 정보로 분류하여 중요한 정보는 암호화를 통해 유료 체계로 갈 가능성이 커질 것입니다.

미디어
Talk Talk

 Q 우리가 보는 뉴스가 인공지능이 선택한 거라고요?

네. 그렇습니다. **A**

포털 사이트 네이버는 2019년 4월부터 뉴스 편집에서 인간의 개입을 배제하고 인공지능 뉴스 추천 시스템 '에어스(AiRS·AI Recommender System)'를 도입하고 있습니다. 에어스는 이용자가 어떤 뉴스를 봤을 때, 같은 뉴스를 본 다른 이용자들이 주로 클릭한 뉴스들을 인공지능으로 자동 추천해주는 방식입니다.[53]

일반적인 추천 시스템은 사용자의 과거 히스토리에 기반을 두어 사용자 프로그램을 생성하고, 이 프로파일 정보를 통해 다른 유사한 사용자들이 좋아한 아이템이나, 혹은 사용자가 좋아한 아이템과 유사한 아이템을 추천합니다.[54]

....
53. 조아라, 〈네이버 뉴스편집, AI에 맡겼더니…'가짜 단독'에 속는다〉, 《한국경제》, 2021. 1.
　　25.
54. 이수상, 《추천 알고리즘의 소개》, KSLA BULLETIN Vol. 9, 54쪽

예를 들어 우리가 맛있는 음식점에서 밥을 먹은 후 친구에게 그 음식점을 추천해주듯이, 인공지능은 우리가 자주 본 뉴스를 통해 우리의 취향과 가치관을 판단하고, 뉴스를 추천해주는 것입니다.

그런데 참으로 놀랍게도 인공지능으로 선택된 뉴스의 단점이 있습니다. 인공지능은 사람이 많이 선택한 기사가 가치 있다는 판단을 합니다. 그래서 클릭 수가 높은 기사를 모아 하나의 단독 기사 형태로 메인에 노출하는데, 사실 똑같은 기사를 포장만 달리하는 기사가 많습니다. 그래서 심층적으로 취재한 기사가 잘 보여지지 않게 되어, 우리가 꼭 알아야 할 정보를 뉴스로 만나지 못하는 경우가 발생합니다. 그래서 저널리즘 차원에서는 좋은 방향이라고 볼 수 없는 것이죠.

생각하기 & 토론하기

- 인공지능 기자와 사람 기자를 비교했을 때 인공지능 기자가 부족한 점은 무엇이 있을지 생각해보고, 앞으로 사람 기자가 인공지능 기자와의 경쟁에서 살아남기 위해서 중점을 둬야 할 것은 무엇인지 말해보세요.
- 2050년 뉴스는 어떤 형태로 발전해 있을지 상상해보고, 어떤 방식의 뉴스가 대중화될 것인지 말해보세요.

프로슈머의 시대, 우리가 뉴스의 주인

02

지금은 프로슈머 시대

프로슈머는 생산자(Producer)의 'Pro'와 소비자(Consumer)의 'sumer' 를 합친 단어입니다. 즉, 생산자와 소비자가 따로 분리된 것이 아니라, 생산하는 사람이 소비도 하고, 소비하는 사람이 생산도 한다는 말이죠. 원래 경제학 용어인 이 말은 소비자가 생산자에게 필요한 상품을 제안하고, 생산자는 소비자의 제안을 반영한 제품을 만드는 것에서 출발했습니다. 이를 통해 소비자의 만족도를 높이는 전략이었죠. 그런데 현재 이 말은 경제학보다 IT 쪽에서 더 많이 사용하고 있습니다. 특히 SNS와 유튜브 등의 등장은 이제 뉴스의 생산자가 언론 기업만이 아님을 보여주고 있습니다.

기존에는 뉴스를 생산하기 위해서는 기자가 취재해서 작성한 원고를 편집 과정을 거쳐 종이에 인쇄하거나, 방송 채널을 통해 방송으로 내보내야 했습니다. 그러나 현재는 인터넷을 이용하여 개인도 언론사를 등록할 수 있는 시대가 되었습니다. 심지어 언론사가 되기 위해서는 허가받을 필요도 없이 등록만 하면 인정받을 수 있습니다.

현재 관련 법규에는 다음의 8가지만 작성해서 시·도지사에게 등록 신청을 하면 약 20일 후에 언론사 등록이 완료됩니다. 단, 미성년자이거나 범죄 이력이 있는 사람, 대한민국 국적이 없는 사람 등은 발행인이나 편집인이 될 수 없습니다.

많은 사람이 유튜브를 보는 것에 그치지 않습니다. 스마트 미디

인터넷 신문 등록 서류 내용

1. 인터넷 신문의 명칭
2. 종별 및 간별
3. 인터넷 신문의 발행인, 편집인의 인적사항
4. 발행소의 소재지
5. 발행 목적과 발행 내용
6. 주된 보급 대상과 보급 지역
7. 발행 구분(유료 or 무료)
8. 인터넷 홈페이지 주소 등 발행에 관련된 내용

어로 동영상을 촬영해서 그냥 올리는 사람도 있고, 간단하게 편집해서 올리는 사람도 있습니다. 참여하는 모든 사람이 이용자이면서 생산자가 되는 것이죠. 또 실시간으로 중계를 하는 사람도 많아졌습니다. 코로나19 시대에는 졸업식도 유튜브로 하고 있죠. 유튜브야말로 진정한 프로슈머를 가져오는 기술이 되었습니다.

청소년이 만드는 뉴스

IT 기술의 발달은 누구나 뉴스 생산의 주체가 될 수 있는 환경을 만들어줬습니다. 성인뿐만 아니라 청소년에게도 열려 있습니다. 유튜브나 SNS를 통해서 자신의 생각과 소식을 얼마든지 전할 수 있죠. 그러나 이 외에도 전문적인 뉴스를 만들 수 있는 곳이 많이 있습니다.

첫째는 학교 방송과 학교 신문입니다. 청소년에게 가장 접근성이 좋은 곳이자 가장 친근한 미디어입니다. 전국의 거의 모든 학교에 방송부가 있고, 신문도 제작하고 있습니다. 과거에 학교 방송은 방송부원의 전유물이었습니다. 그러나 최근에는 방송 제작 기술이 쉬워지면서 일반 학생들이 만든 방송 프로그램이 학교 방송을 통해 전교에 송출되는 사례가 많아졌습니다.

둘째는 지방자치단체나 교육청에서 만든 기자단입니다. 지방자치단체나 교육청 등에서는 청소년 여론 형성을 목적으로 청소년이 직접 뉴스를 기획·제작·송출할 수 있도록 다양한 지원을 하고 있

오늘 학교에 방문한
L 선배님과
인터뷰를 하겠습니다.

습니다. 또 청소년 방송국과 기자단을 운영해서 청소년이 직접 뉴스를 취재하고, 자신의 생각을 칼럼으로 제작하는 등 다양한 활동을 유도합니다. 무료로 진행하는 교육 프로그램도 많이 있습니다. 기자단 교육, 글쓰기 교육, 영상 촬영 및 편집 교육, 아나운서 교육 등 다양한 교육을 통해 청소년이 뉴스 제작자로서 또는 칼럼니스트로서 활동할 수 있도록 도와줍니다. 예를 들어 경기도교육청에서는 '미디어 경청'을 만들어 의정부와 군포에 제작센터를 두고 모든 시설을 무료로 개방하고 있으며, 서울의 '서울시청소년미디어센터'도 미디어 관련 다양한 교육을 진행하고 있습니다.

셋째로 옴부즈맨 방송에 직접 참여하는 방식입니다. 현재 방송에는 옴부즈맨 제도가 시행되고 있습니다. 옴부즈맨 방송이란 방송국에서 자사 프로그램에 대하여 시청자의 평가를 듣고, 자사 프로그램을 비평하는 방송을 말합니다. 현재 〈방송법〉에서는 옴부즈맨 방송을 매주 한 시간 이상 편성하도록 규정하고 있습니다. 그리고 이 옴부즈맨 방송에는 시청자가 참여할 수 있는 코너가 일정 시간 있습니다. 그래서 누구나 원한다면 신청을 통해 이 프로그램에 참여할 수 있습니다.

넷째로 신문사에 투고하는 방식입니다. 현재 대부분의 신문사는 독자 코너가 따로 있습니다. 그래서 독자가 칼럼 등 자신의 생각을 투고하면 선별하여 기사로 내보냅니다. 신문사에 따라 원고료가 있는 곳도 있습니다. 특히 지역 신문의 경우에는 이런 글들을 애타게 찾는 곳이 많아서 조금만 관심을 가지면 자신의 생각을 마음껏 표현할 수 있습니다. 또 마을이나 학교 행사의 경우에는 보도자료 방식으로 신문사에 알리면, 신문사가 기사로 보도하는 사례도 있습니다.

콘텐츠 올리기 전, 이것만은 꼭 점검하자!

프로슈머 시대, 이제 누구나 뉴스 생산자가 될 수 있습니다. 예전에는 뉴스를 만들기 위해 엄청난 재정과 사람이 필요하였습니다. 그러나 이제는 스마트 미디어만 있으면 누구라도 쉽게 뉴스를 만들 수 있는 시대가 되었습니다. 어떻게 보면 시민이 거대한 힘을 갖게 된 것이나 다름없죠. 그러나 거대한 힘 뒤에는 반드시 뒤따라야 하는 것이 있습니다. 바로 책임입니다. 뉴스를 만들 때 반드시 생각해 볼 것이 몇 가지 있습니다.

첫째, 욕심이 과하지 않아야 합니다. 인터넷 공간은 상업성과 연관되어 있습니다. 그래서 좋은 콘텐츠나 사람이 많이 몰리는 콘텐츠는 광고가 붙게 되고 수익이 발생하게 되므로 돈의 유혹에 빠질 수 있습니다. 또 독자나 조회 수를 늘리려는 유혹에 빠지기도 합니다. 이때 욕심이 과하면 목적을 이루기 위해 콘텐츠가 점점 본질을 벗어나는 일이 생깁니다. 일부는 자극적인 내용이나 정도를 벗어난 내용으로 사람들의 주목을 이끄는 사례도 있죠. 따라서 콘텐츠 크리에이터로서 초심을 유지하는 태도가 매우 중요합니다.

둘째, 콘텐츠를 올리기 전에 반드시 점검해야 합니다. 인터넷 공간은 전파 속도가 매우 빠릅니다. 내가 만든 동영상이 전 세계에 퍼져나갈 수도 있음을 명심해야 합니다. 따라서 인터넷 공간에 글이나 동영상을 올릴 때는 매우 신중해야 합니다. 내가 무심코 올린 동영상으로 인해 선의의 피해자가 발생할 수도 있으며, 커다란 사회적 문제가 될 수도 있습니다. 따라서 콘텐츠를 올리기 전 다음과 같은 내용을 반드시 점검해야 합니다.

콘텐츠 올리기 전 점검 사항

1. 저작권에 문제가 없는가?

2. 초상권(다른 사람의 얼굴이 드러나는 사진이나 동영상)에 문제가 없는가?

3. 주장에 대한 근거가 확실한가? 혹시 거짓말이나 과한 주장을 하지 않았는가?

4. 내 콘텐츠로 인해서 무고하게 피해를 보거나 사생활 침해를 받는 사람은 없는가?

5. 욕설이나 비방 등이 포함되지 않았는가?

6. 차별, 사회적 약자나 소수자에 대한 문제가 되는 단어 등은 없는가?

7. 맞춤법이 적절한가?

뉴스 생산량은 앞으로 더욱 늘어날 것입니다. 인터넷 공간에서는 기존의 뉴스 형식을 따르지 않더라도 자신이 본 것과 들은 것을 이야기할 수 있습니다. 또 자신의 생각과 경험을 이야기하는 뉴스를 제작할 수도 있습니다. 이처럼 뉴스 생산자가 많아지는 것은 다양성 측면에서도 매우 긍정적입니다. 정치 중심의 뉴스가 아니라 내 생활을 기반으로 한 뉴스, 수도권과 중앙 집중의 뉴스에서 내가 사는 마을을 기

반으로 하는 지역 뉴스가 많아지는 것이니까요. 게다가 댓글을 통해 직접 크리에이터와 소통할 수도 있습니다. 세상을 보는 창이 아주 다양해진 셈이죠.

여러분은 어떤 세상을 보여주고 싶습니까? 어두운 세상을 보여주어 밝은 곳으로 이끄는 역할을 할까요? 아니면 밝은 세상을 보여줘서 '아직 우리 세상은 따뜻하다'는 것을 보여줄까요? 우리의 노력으로 세상이 달라질 수 있습니다. 왜냐하면 우리는 프로슈머로서 사회를 이끌 수 있으니까요.

미디어
Talk Talk

Q 유튜버가 되려면 어떻게 하면 되나요?

A 좋은 콘텐츠를 기획하고, 영상을 촬영하고,
편집할 기술이 필요합니다.

유튜브는 구글이 운영하는 동영상 공유 서비스 플랫폼입니다. 유튜버가 인기를 얻기 시작한 것은, 그들이 벌어들이는 어마어마한 수입 때문이지요. 그래서 초등학생부터 직장인까지 많은 사람들이 개인 방송을 하고, 그 방송을 유튜브에 올리고 있습니다. 하지만 모든 유튜버들이 인기를 얻는 것은 아니에요.

먼저 유튜버가 되려면 좋은 콘텐츠를 기획하고, 영상을 촬영하고, 편집할 수 있어야 해요. 만약 그럴 실력을 갖추고 있다면 자신이 운영할 채널의 콘셉트를 정하고, 어떤 콘텐츠로 사람들과 소통할 것인지 기획해야 하지요. 유튜브 채널에서 콘텐츠가 중요한 만큼, 콘텐츠가 명확해야 독자들이 채널에 대해 쉽게 이해하고, 콘텐츠에 대해 신뢰도 하게 됩니다. 당장 조회 수가 높지 않더라도 자신이 잘 알고 잘할 수 있는 주제로 일관성 있게 영상을 올리면 독자와 소통하며 채널이 알려지기 시작할 것입니다.

유튜브에는 수많은 콘텐츠가 있는 만큼, 콘텐츠가 재미나고, 그 어디에서도 들을 수 없는 정보를 주는 것이 중요합니다. 그리고 무엇보다 영상을 올리는 만큼 전문적인 촬영 기술과 편집 기술을 가지고 있는 것이 좋습니다.

생각하기 & 토론하기

- 청소년이 직접 만드는 뉴스가 있는지 찾아보고, 내가 친구들과 만들 수 있는 뉴스는 무엇이 있을지 생각해보고 말해보세요.

- 나와 내가 속한 공동체의 뉴스가 거대 방송사의 뉴스와 비교하여 어떤 장점이 있는지 생각해 보고 이를 말해보세요.

요즘 청소년은 미디어로 자신을 표현하고 사회적 관계를 맺으며 세상과 소통합니다. 아마도 매일 SNS에 자신의 사진을 올리거나 댓글을 통해 다른 사람과 소통을 할 것입니다. 그런데 SNS는 혼자 사용하는 미디어 같지만 다른 사람과 함께 공유하며 소통하는 미디어로, 소통하는 과정에서 저작권 침해, 인권 침해, 사생활 침해, 명예훼손 등이 일어날 수 있습니다. 지금부터 미디어 이용자로서 지켜야 할 권리와 책임을 알아볼까요?

우리가 알아야 할 저작권 문제

▶ 유튜브

요즘은 스스로 영상을 만들고 제작하는 청소년들이 많습니다. 그렇게 만든 영상을 가장 많이 올리는 플랫폼이 유튜브일 것입니다. 그런데 유튜브는 어떻게 저작권을 관리하고 있을까요?

먼저 유튜브 고객 센터의 저작권 보호 페이지를 살펴보면, 유튜브는 콘텐츠 아이디(ID) 시스템을 통해 지적 재산권을 관리하고 있습니다. 따라서 콘텐츠의 저작권자는 이 콘텐츠 아이디 시스템을 통해 자신의 콘텐츠를 이용한 영상물이 유튜브에 등록되어 있는지를 손쉽게 검색할 수 있을 뿐만 아니라 다른 사용자가 본인의 창작물을 포함할 가능성이 있는 동영상을 업로드 할 경우 자동으로 알림을 받게 됩니다. 다만 이 시스템은 누구나 이용할 수 있는 것은 아닙니다.

유튜브는 일정 자격을 갖춘 저작권자에게만 콘텐츠 아이디를 부여하고 있습니다. 따라서 콘텐츠 아이디를 부여받지 못한 저작권자는 유튜브에 올려진 웹 양식을 통해 저작권 게시 중단을 제출하여 유튜브에 콘텐츠 게시가 중단되도록 요청할 수 있습니다. 웹 양식 제출 후에는 유튜브가 저작권법 침해 여부를 고려한 후 해당 동영상의 게시를 중단하고, 동영상 게시 중단을 요청한 사람과 동영상을 올린 사람 모두에게 이메일로 저작권법 관련 메일을 발송합니다. 이때 저작권자라고 주장하는 사람의 요청으로 동영상 게시가 중단된 사람도 이의가 있다면 반론을 제시하고 콘텐츠 복원을 요청할 수 있습니다.

📷 사진

SNS에 자신이 찍은 사진을 올리는 경우도 있지만, 다른 사람의 이미지를 동의를 구하지 않고 올리는 경우가 있습니다. 예를 들어, 친구와 함께 찍은 사진이지요. 나는 즐겁게 찍은 사진이지만 사진에 함께 찍힌 친구는 그 사진을 다른 사람과 공유하고 싶지 않을 수 있습니다. 이런 경우 친구의 초상권을 침해했다고 볼 수 있습니다.

또 남의 사진을 내 사진처럼 마음대로 보정해 올리거나 유명인의 사진을 합성해서 유포할 경우 큰 문제가 될 수 있습니다. 다른 사람의 사진을 마음대로 올린 경우에는 사진을 촬영한 사람으로부터 저작권 및 저작권 인격 침해로 법적 소송을 받을 수 있습니다. 또 유명인의 사진을 합성해서 유포할 경우에는 명예훼손을 비롯한 각종 법적 소송을 당할 수 있습니다.

뉴스

뉴스 기사에 대한 저작권 침해는 우리가 가장 많이 접할 수 있는 문제입니다. 저작권 침해를 하지 않기 위해서는 뉴스 기사의 헤드라인과 뉴스 기사 내용을 간략하게 소개한 뒤, 인터넷 주소로 링크를 걸어두거나 언론사에서 제공하는 퍼가기 기능을 이용하는 방법이 있습니다. 이런 경우 관련 링크를 통해 해당 콘텐츠를 직접 확인할 수 있습니다.

🛈 기타

다른 사람의 저작물에 대해서 출처와 작성자의 아이디 등을 표기했다 하더라도 저작권 침해가 이루어질 수 있습니다. 예를 들어, 타인의 저작물을 편집하는 과정에서 광고 수익 등을 얻었을 때는 저작물 위배가 될 수 있습니다. 또한 타인의 저작물을 수정 및 변형하는 것은 저작인격권이 유지될 수 없기 때문에 문제가 될 수 있습니다.

자극적인 음란물에 대처하는 자세

자극적인 사이버 음란물은 미디어가 발달함에 따라 다양한 형태로 만들어지고 있습니다. 스팸 메일, 개인 간 커뮤니케이션, 웹하드, 음란사이트, 메신저, 커뮤니티, 모바일 등을 통해 초등학생도 쉽게 접할 수 있는 상황입니다. 이처럼 자극적인 사이버 음란물은 학생들로 하여금 잘못된 성 관념을 갖게 하는 것은 물론 더 나아가 성적 충동을 일으켜 성범죄로 이어지게 할 우려가 있습니다. 그런데 음란물이 사이버 공간에서 더 잘 유포되는 이유는 무엇일까요? 그건 바로 은밀히 볼 수 있다는 점 때문입니다.

그런데 알고 있나요? 음란물을 공유하면 법적으로 처벌받을 수 있다는 사실을요. 예를 들어, 카톡으로 무심코 전달한 음란물로 인해서 자신의 의지와 상관 없이 성범죄 처벌을 받을 수 있습니다. 음란물을 판매하는 것만 범죄가 아니라 공유하고 배포하는 것도 범죄가 될 수 있습니다. 그렇기 때문에 우연히 사이버상에서 음란물을 접한다고 하더라도 거기에 빠져 자신을 지키지 못하면 안 됩니다.

점점 늘어나는 사이버 폭력

사이버상에서 일어나는 범죄는 나날이 늘고 있습니다. SNS로 다른 사람을 비방하거나, 비밀과 사생활을 폭로하거나, 거짓 정보를 퍼트리는 경우가 바로 사이버 폭력입니다. 그중 우리가 가장 쉽게 접하는 사이버 폭력은 유명인을 향한 악플과 'X파일'이라는 이름으로 떠도는 소문 등이 있습니다. 대부분 자신이 보이지 않는다는 것 때문에 실제 생활과 다르게 심한 욕을 하면서 자신의 감정을 해소하며 재미와 흥분을 경험합니다. 그런데 이런 사이버 폭력은 한 사람의 인생을 불행하게 만들 뿐만 아니라 인격을 망가뜨리고, 심지어는 자살에 이르게까지 만듭니다. 사이버 폭력은 범죄입니다. 한 사람의 명예를 훼손시키고 잘못된 정보를 퍼트릴 수 있기 때문에 법적으로 처벌받을 수 있습니다.

참고자료

단행본

강정훈, 《4차산업 사회로 떠나는 생각여행》, 한나래플러스, 2019.

곽영빈 외, 《초연결시대 인간-미디어-문화》, 앨피, 2021.

구본권, 《인터넷에서는 무엇이 뉴스가 되나》, 커뮤니케이션북스, 2005.

김광희 외, 《미디어 리터러시 수업》, 휴머니스트, 2019.

류희림, 《가짜 뉴스 시대에서 살아남기》, 글로세움, 2018.

리 매킨타이어, 《포스트트루스》(김재경 옮김), 두리반, 2019.

미치 조엘, 《미래를 지배하는 식스 픽셀》(서동춘 옮김), 8.0(에이트포인트), 2010.

설진아 · 강진숙, 《미디어교육》, 한국방송통신대학교출판문화원, 2021.

양정애 외, 《뉴스 리터러시 교육 2》, 한국언론진흥재단, 2016.

이은택 · 이창호, 《저널리즘의 이해》, 한국방송통신대학교출판문화원, 2013.

차배근 외, 《우리 신문 100년》, 현암사, 2001.

현택수, 《매스커뮤니케이션과 사회》, 동문선, 2005.

언론보도

김기환, 〈올 전력 예비율 최대 40%…수요예측 실패 남아도는 전기〉, 《중앙일보》, 2019. 8. 12.

김정석, 〈'세계 최초 일간 신문' 조보 추정 문서 발견〉, 《중앙일보》, 2017. 4. 18.

김평화, 〈마이크로소프트 'AI 기자' 확대하며 관련 인력 축소〉, 《조선일보》, 2020. 5. 31.

박진우, 〈로제우스 "나를 위한 AI 뉴스" 서비스로 생태계 혁신〉, 《아시아경제》, 2020. 11. 24.

박형수, 〈이재용 재수감 하루 만에…'사면' '가석방' 목소리〉, 《중앙일보》, 2021. 1. 19.

백윤미, 〈'딥페이크 포르노' 범죄, 일반인 여성까지 타깃으로 노출〉, 《조선일보》, 2018. 12. 31.

안준호, 〈문제 없다더니…전력 예비율 6.7%까지 떨어져〉, 《조선비즈》, 2019. 8. 14.

이서현, 〈檢 "유우성씨 北에 노트북 보낸 새 증거 확보"〉, 《동아일보》, 2014. 4. 22.

이학후, 〈세월호 리본 폄훼하는 이들…'가짜 뉴스'의 무서운 영향력〉, 《오마이뉴스》, 2019. 8. 24.

정수미, 〈제일기획 "올해 디지털 광고비 6조, 시장 점유율 50% 육박 전망〉, 《팍스경제TV》, 2021. 2. 9.

조아라, 〈네이버 뉴스편집, AI에 맡겼더니…'가짜 단독'에 속는다〉, 《한국경제》, 2021. 1. 25.

주영민, 〈"스토킹당했다"…20대女 허위문자로 고교생 자살〉, 《뉴스1》, 2017. 7. 4.

최희영, 〈전쟁과 황색 저널리즘 ② 황색 저널리즘의 원로는 퓰리처〉, 《아시아경제》, 2017. 9. 17.

논문

김창환, 〈입시 제도에서 나타나는 적응의 법칙과 엘리트 대학 진학의 공정성〉, 한국사회학, 2020.

황용석·권오성, 〈가짜 뉴스의 개념화와 규제 수단에 관한 연구: 인터넷 서비스 사업자의 자율규제를 중심으로〉 언론과 법, 2017.

기타

교육부, 김아미, 〈행복한교육 - 미디어 리터러시 교육과 디지털 시민성〉, 2019, 9월호

교육부, 과학기술정보통신부, 《미디어 리터러시》

방송통신위원회, 《2020년 방송매체 이용행태 조사》, 2020.

백소정, 《왜 가짜 뉴스가 더 잘 퍼지는 걸까?》, KISTI의 과학향기(제 3123호), 2018. 4. 9.

신학림, 《언론노조 위원장이 전하는 신문 시장 독점과 위기의 메커니즘》, 인물과사상, 2004, 5월호

이수상, 《추천 알고리즘의 소개》, KSLA BULLETIN Vol. 9.

차미영, 〈스켑틱 18호〉, 2019.

한국언론진흥재단, 《2020 언론수용자 조사》, 2020.